中国旅游景区绿皮书（2017）

中国旅游景区协会　品橙旅游

中国旅游出版社

责任编辑：王　军　张　旭
责任印制：冯冬青

图书在版编目（CIP）数据

中国旅游景区绿皮书. 2017 / 中国旅游景区协会，品橙旅游著. — 北京 : 中国旅游出版社，2018.12

ISBN 978-7-5032-6144-2

Ⅰ. ①中… Ⅱ. ①中… ②品… Ⅲ. ①旅游区－经济发展－研究报告－中国－2017 Ⅳ. ①F592.3

中国版本图书馆 CIP 数据核字（2018）第 262889 号

书　　名：中国旅游景区绿皮书（2017）

作　　者：中国旅游景区协会　品橙旅游著
出版发行：中国旅游出版社
（北京建国门内大街甲 9 号　邮编：100005）
http://www.cttp.net.cn　E-mail:cttp@mct.gov.cn
营销中心电话：010-85166503
排　　版：北京旅教文化传播有限公司
经　　销：全国各地新华书店
印　　刷：北京工商事务印刷有限公司
版　　次：2018 年 12 月第 1 版　2018 年 12 月第 1 次印刷
开　　本：720 毫米 × 970 毫米　1/16
印　　张：12.5
字　　数：200 千
定　　价：88.00 元
I S B N　978-7-5032-6144-2

《中国旅游景区绿皮书（2017）》编委会

主　　编：姚　军

执行主编：霍建军　王琢

副 主 编：张树民　刘家明　吴国平

编　　委：洪文艺　陈存友　伍　婷

杨晓明　梁国庆　刘玉萌

季　莹　金靖诺　汪紫丹

序言

文化铸魂　特色筑景　绘制旅游新画卷
——文旅新时代下中国旅游景区的发展趋势与机遇

旅游景区作为核心旅游吸引物，是中国旅游业起步与发展的基石。改革开放40年以来，中国旅游业取得长足发展，特别是党的十八大以来，随着旅游经济的快速发展，产业格局的日趋完善，市场规模的稳步提升，旅游业已经成为国民经济的战略性支柱产业。在这一过程中，景区作为旅游业的资源供给端，也得到了持续的发展与完善，并始终处于旅游消费和旅游供给的核心位置，与中国旅游业的发展和国民大众的旅游需求变迁相同步。

习总书记在十九大报告中指出，中国特色社会主义进入了新时代，我国社会主要矛盾已经转化为人民日益增长的美好生活需要和不平衡不充分的发展之间的矛盾，“人民幸福生活”“美好生活需求”等关键词多次被提及。在大众旅游时代，作为“五大幸福产业”之一的旅游行业，是人民增强“幸福感”和“获得感”的重要渠道和内容，需要不断满足人民对美好生活更高层次的需求与向往。旅游被赋予了新的时代使命和光荣任务，而“文旅融合”更将进一步驱动旅游业的创新发展。因此，在新的时代背景和历史使命下，旅游景区迎来了关键的转折点，呈现出新的发展趋势，面临着新的发展机遇。

一、新时代下旅游产业发展特征

旅游产业上升到国家战略发展新高度。随着旅游业对国民经济的影响力越来越大，旅游产业在国民经济中的地位不断上升。近10年来，全国旅游总收入从2007年的1.01万亿元增长到2017年的5.4万亿元，增长了4倍多，而且除2008年以外，各年度旅游业收入增速均高于GDP增速。如今，随着机构改革的深入推进，旅游产业进一步承担起文化传承、传播、交流的平台作用，推动社会主义文化强国建设。因此，旅游产业发展被赋予新的历史使命和责任。

产业投资主体呈现竞争新格局。2017年我国旅游直接投资超过1.5万亿元，同比增长16%。目前，全国各地已经组建了100多个文旅集团，各类文旅基金数量达到100余家，规模上百亿元的已经超过10家。可以预测，未来3年，各类国家级的文旅产业基金还会如雨后春笋般诞生，不断为产业发展注入新动力。实际上，在投资端已经形成了跨行跨界的新格局。大型传统非旅企业也通过投资、并购加速进军文旅产业，推动产业格局的大整合、大调整。

消费升级倒逼供给侧创新产品新形态。随着大众旅游时代的到来，旅游成为常态化的生活消费选项。据统计，从1984年到2017年，国民人均出游次数从0.2次增加到3.7次，增长了17.5倍，国内游客数量从2亿人次扩大到50亿人次，增长了24倍。在产业规模持续扩大的同时，我们更应该关注游客多元化与个性化需求的转变。以80/90后和中产阶层为代表的新生代消费群体已成为市场需求的主导者，旅游需求发生了多元化与个性化转变。居民对社交、自尊、信仰、求知、审美、成就等高层次需求增强，同时随着旅游消费观念的转变，除传统的观光以外，休闲、度假的需求越来越旺盛，养生旅游、研学旅游、乡村旅游、航天旅游、医疗旅游、探险旅游等旅游需求不断涌现，避暑旅游、邮轮旅游、温泉旅游、滑雪旅游、海滨度假等旅游产品也不断推陈出新。旅游需求变化、消费升级倒逼旅游景区供给侧创新产品新业态，提供更好的产品服务于不断变化和升级的市场需求。

二、中国旅游景区发展新趋势

随着全域旅游战略的全面推进，“旅游+”“+旅游”“文化+”等理念的逐步深入，旅游产业作为综合性产业，将进一步突破传统行业限制，与其他行业、产业将进一步融合发展，旅游与新型城镇化、工业化、信息化、农业现代化紧密结合，不断催生新业态、新产品。旅游景区类产品与其他产品的功能和市场客群正逐渐交叉汇聚，趋向融合发展。未来景区将作为游客流量平台，充分发挥景区线下流量优势，协同关联产业，不断丰富景区综合产业体系。

文化与旅游的深度融合。2018年4月8日，新组建的文化和旅游部正式挂牌。“诗与远方”的组合必然带来文化和旅游的深度融合。文化是旅游的灵魂，旅游是文化的载体。我国地域广阔、人文历史悠久，拥有丰富的自然资源、人文资源以及各种公共资源，它们都可以与旅游资源进行融合，成为产业融合发展的重要内容。景区应树立“文化自信”，进一步挖掘历史文化、传统文化、民族文化的价值，讲好中国故事，弘扬中国文化，增加旅游景区的文化内涵与属性。

智慧旅游的广泛应用。科学技术的进步不仅快速改变着游客的消费行为，也给文旅企业的商业模式和管理模式带来重要的改变。VR/AR、移动互联网、社交网络、大数据、高铁等技术的快速发展深刻影响了游客的出行方式、体验方式和旅游产品形态。与此同时，移动互联网、云计算、大数据等新技术也使景区的商业模式和管理模式发生重要的改变。

互联网时代催生的OTA，已经成为连接旅游者与旅游产品的重要渠道。相对滞后的旅游景区体系，尤其是部分传统景区，要想在激烈的社会竞争中实现可持续发展，必须紧跟时代潮流，在科技创新体系、科技人才队伍、科技迭代周期等方面进一步提升，加速智慧旅游、智慧景区的更新换代，以创新、开放、共享的理念来适应“景区＋科技”的新时代。

品质化需求持续提升。当下，旅游业无论从国家宏观发展的要求，还是自身的发展阶段，都到了从粗犷式的规模速度增长阶段转向重视产品体验和服务质量的优质旅游发展的新阶段。

随着迪士尼、环球影城、六旗集团、默林集团等国际知名旅游企业进入中国市场，中国旅游景区行业面临着这些国际知名主题公园在旅游产品类型、新颖体验、服务形式和质量等方面创新所带来的挑战。

以陪伴互联网成长起来的90后和00后年轻族群为例，他们不论是实物消费还是文化娱乐消遣，追求精致且个性化的内容成为一种趋势，所以消费升级带来的品质追求和个性化需求，是景区进一步发展所要面对的新课题。

三、中国旅游景区发展新机遇

人民对美好生活的追求与发展不平衡不充分之间的矛盾在旅游领域中的具体体现，是个性化、多元化的旅游需求与不够丰富的旅游供给之间的矛盾。如何用更加优质的内容、更高品质的景区产品、更加便利的服务满足游客不断增长的新需求，满足人民对美好生活的向往也是景区行业发展的目标与责任。站在新的历史起点，中国旅游景区也迎来新的发展机遇。

政策机遇。近年来，国家陆续采取了一系列举措推动旅游产业发展。除了近期推动机构改革，在行政机构上实现文化与旅游的结合，进一步推动原有产业边界的消融，促进文化事业、文化产业和旅游业之间的深度融合外，“一带一路”建设布局、各经济区整合划分以及大城市群的规划建立都有利于文旅产业发展的资源整合与市场扩容。

市场机遇。旅游产业从高速增长阶段转向优质发展阶段。根据《2018年全国旅游工作报告》预测，到2020年，旅游市场总规模将达到67亿人次，旅游投资总额2万亿元，旅游业总收入达到7万亿元。这将是一个巨大的体量。

从战略布局看，文化业和旅游业都是国家规划的重头戏。预计“文化＋旅游”的产业在未来5~10年将达到15万亿元的规模。从目前的发展趋势看，这个数字正在转化成现实。文旅产业发展的大时代正在迅速迎面而来。

地区机遇。从大区域看，近两年，东部地区依然是投资重点，实际完成投资额约占全国的50%；西部地区投资洼地效益逐步显现，不仅投资增速最快，而且实际完成投资额已超过中部地区。从局部区域看，京津冀地区一直是投资的重点区域。尤其是2017年4月，党中央、国务院公布设立河北雄安新区，作为北京非首都功能疏解的集中承载地，再加上冬奥会、第二机场、通武廊等机会与政策优势，京津冀地区更是成为市场追捧的热点。

业态机遇。“旅游+”“文化+”战略的实施进一步推动文旅产业突破传统行业的限制，与新型工业化、城镇化、信息化、农业现代化紧密结合，不断催生新业态、新产品。

中国进入中国特色社会主义新时代。“美好生活”已经成为当下及未来最大的刚需。同时，我们应该看到，旅游范围的大众化，旅游产业的集约化，旅游目的地的全域化发展背后更深刻的含义是人们需求层次的提升，是经济和社会发展到一定阶段后的社会变革，需要全行业、全产业、全领域一起在新时代背景下，共同努力，以满足人民的美好生活需求为目标，开创旅游产业发展的新局面。

中国旅游景区协会会长　姚军

CONTENTS

目 录

第一部分 景区发展综述篇

第二部分 景区品牌篇

第三部分 景区运营篇

第四部分 景区科技创新篇

附录一

附录二

第一部分
景区发展综述篇

1　景区，让旅游体验更美好

1.1　中国旅游景区协会

中国旅游景区协会是由全国旅游景区行业和与景区相关企事业单位在平等自愿基础上组成的行业协会，具有独立的社团法人资格。协会接受文化和旅游部的领导、民政部的业务指导和监督管理。

2009年年底，华侨城集团公司等企业作为发起单位向国家民政部申报成立中国旅游景区协会，2010年10月24日民政部以民函〔2010〕258号批复同意成立中国旅游景区协会。

中国旅游景区协会遵照国家的宪法、法律、法规和有关政策，代表和维护景区行业的共同利益和会员的合法权益，按照协会章程的有关规定，积极开展调查研究、沟通协调、业务交流、岗位职务培训和市场开拓等活动，积极推进行业自律，努力提高景区行业服务水平和核心竞争力，竭诚为会员服务，为行业服务，为政府服务，在政府和会员之间发挥桥梁和纽带作用，促进我国旅游景区行业的持续、快速、健康发展。

中国旅游景区协会是顺应我国各类旅游景区发展的必然产物，也顺应了我国深化政治、经济体制改革，进一步强化协会职能，促进旅游产业大发展的必然要求。目前，深圳华侨城为中国旅游景区协会会长单位，颐和园等24家单位为副会长单位。

现在，中国旅游景区协会共有805家会员单位。其中旅游景区占绝大部分，有661家；各个省市旅游景区协会共有32家。此外，还有为旅游景区服务做支撑的供应商、大专院校、新闻单位、新闻媒体。

目前，中国旅游景区协会已制定完成协会的“十三五”“十四五”发展战略规划，理清发展思路，完善旅游景区发展报告，迅速扩大旅游景区的队伍，争取3年时间发展3000~5000家有品质的旅游景区作为会员，让景区协会在全国旅游景区发展中起到引领作用。

1.2 国内景区现状和分类

截至2017年12月31日，全国具有一定规模的旅游景区约3万家，其中，据数据显示，从1999年到2016年，全国A级旅游景区评定总数量为9847家。A级旅游景区占整个景区总量的不到1/3。

从质量等级划分上来看，在数量上呈现出“两头小、中间大”的态势，即5A级旅游景区和1A级旅游景区占比较少，3A级旅游景区和4A级旅游景区占比较大。数据显示①，截至2016年年底，5A级旅游景区有227家，4A级旅游景区有3034家，3A级旅游景区有4112家，2A级旅游景区有2346家，1A级旅游景区有105家。其中自然景观类和历史文化类景区占比较高。此外，近年来乡村旅游类、度假休闲类和主题游乐类景区异军突起，发展迅猛。

纵观5A级旅游景区在全国的分布情况，虽然已经全面覆盖全国各省份，但区域分布不均，长江三角洲最为密集，江苏省位居第一，达22家；其次是浙江，有14家，河南、广东紧随其后达12家。5A级旅游景区中以山水风景名胜区居多，如黄山、九寨沟、九华山等，占5A级旅游景区总数的54%；其次是古镇古迹类景区，主要集中在文化底蕴深厚的历史名城，如北京、陕西等；主题乐园较多为非国有企业主导型体制，入选5A级旅游景区比例较小，仅8%。

从景区管理所属的行政部门上来看，由国务院公布的国家重点文物保护单位4296家，国家级风景名胜区244家，由国家林业局评定的国家级旅游森林公园227家，由国土资源部评定的国家地质公园206家，由国家水利部评定的国家水利风景区658家，由国土资源部评定的国家矿山公园72家。

由于景区管理部门较多，导致不同景区类型在不同的部门管理标准不

① 数据来源：《中国旅游统计年鉴2017》。

一样，这样一来，就增加了景区的管理难度，也进一步导致了标准的多样化，因此对高等级质量景区而言，管理须多元化的要求被进一步提升。

1.3　国内景区经营情况

2016 年全国 A 级旅游景区接待游客达到 44.32 亿人次，营业收入为 3858.20 亿元，门票收入达到 906.20 亿元，旅游景区接待游客规模、营业和门票收入增长均超过 10%。

虽然 4A 级和 5A 级旅游景区只占全国 A 级旅游景区的 33.35%，但从游客接待量、营业收入、门票收入三项核心数据来分析，4A 级和 5A 级旅游景区才是中国旅游景区的“中流砥柱”。中国旅游景区的发展呈现“倒金字塔”的格局，客源和收入汇聚在塔顶的 5A 级和 4A 级旅游景区。其他景区则存在吸引力不足、流量不够的困境。

门票收入作为主力军，在景区营收中起到不可替代的作用。在景区门票产业链中，景区门票可通过旅行社、线下代理批发商、在线预订网站、景区销售窗口等渠道销售给游客。

目前，旅行社依然是景区门票最重要的销售渠道，代理了景区门票销量的 70% 左右。但随着全域旅游的发展，移动互联网和自驾游用户的增多，用户日益倾向于选择线上预订的模式，因此，旅行社渠道门票销量正在逐年递减。

1.4　国内旅游景区发展中的问题

中国旅游景区协会主要为景区服务，所以为了解景区的需求，中国旅游景区协会针对当前国内旅游景区发展中遇到的问题进行了相关问卷调查，并给出相应的分析。

1.4.1　景区客源是解决问题的源头

根据协会问卷显示，在景区面临的问题方面，排在前 3 位的分别是人才培养、提升改造、建设资金，在景区运营管理、安全保障及规划设计方面的问题相对弱化一些（见图 1）。

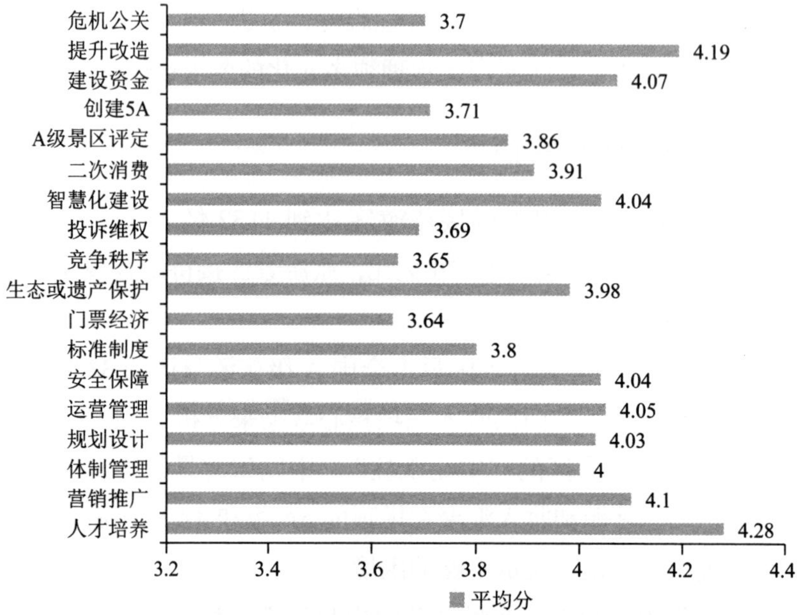

图 1　景区面临各类问题评分情况

人才需求方面，景区最缺乏的是营销、智慧化以及规划方面的人才队伍。而在金融、基建层面的人才需要就显得比较弱化。总体来看，景区对基础和推广层面的人才处于“匮乏”阶段，需求较多，尤其是智慧化建设和营销人才方面，需求占比达到 61.63% 和 61.86%（见图 2）。

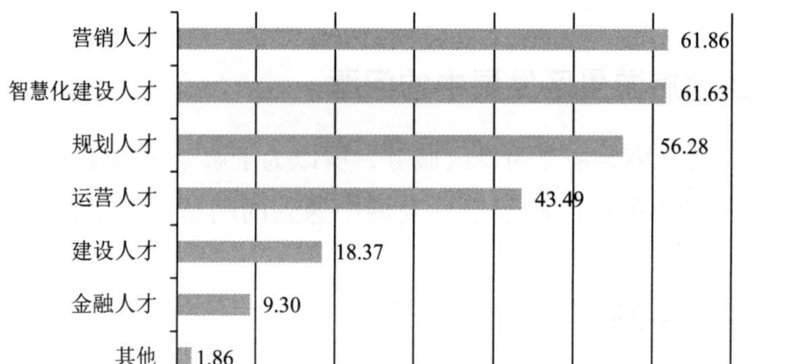

图 2　景区缺乏人才占比情况

1.4.2　景区专家团队是景区发展的新动能

景区对专家团队更多的需求在规划设计、市场营销、管理运营方面，近年来随着智慧旅游推广的进一步提升，关注度也呈现上升趋势，占比达到 35.35%。实际上，该现象说明景区注重从顶层设计的角度去考虑景区发展的未来，在注重对用户的营销宣传策略的同时，也关注景区内部自身的管理运营活动的需求和实际效果（见图 3）。

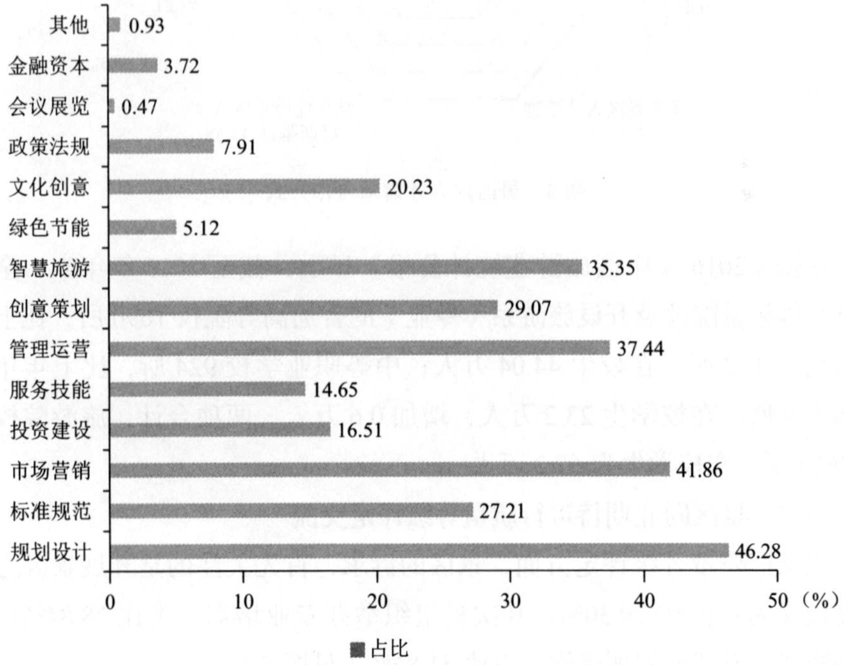

图 3　协会组建专家库的专业期待构成

而景区协会采取何种方式为景区人才提供支持，主要集中在两个方面：一方面与专业院校合作，为景区输送专业人才；另一方面是定期邀请专家到景区进行培训（见图 4）。

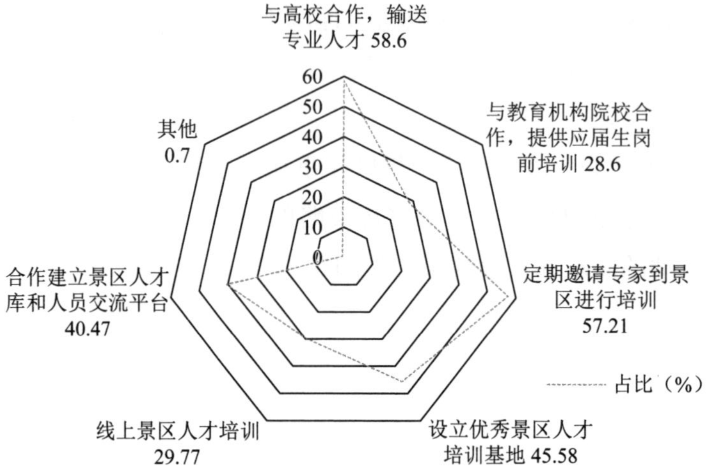

图 4　景区对人才需求合作方式

根据《2016 年中国旅游业统计公报》显示，截至 2016 年年末，全国共有高等旅游院校及开设旅游系（专业）的普通高等院校 1690 所，比上年年末增加 172 所，在校生 44.04 万人；中等职业学校 924 所，比上年年末增加 135 所，在校学生 23.2 万人，增加 0.6 万人。两项合计，旅游院校总数 2614 所，在校学生为 67.2 万人。

1.4.3　景区同业期待进行质量等级评定交流

在景区质量等级评定方面，景区的诉求，首先关注的是开展景区之间的交流学习，占比 79.30%，其次是组织举办专业培训，占比 78.84%；最后是邀请专家开展测评咨询，占比 51.86%（见图 5）。

近年来国家旅游行政主管部门主导下开展的 A 级旅游景区专项整治行动，使 A 级旅游景区复核工作的关注度得到显著提高，景区对协调解决景区评定及复核中实际问题的需求升高，占比为 26.05%，另外对协会承担部分评定工作方面的积极性相对较高。

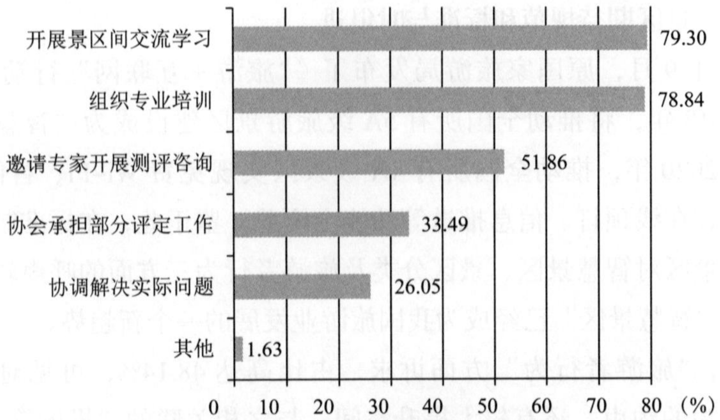

图 5　对景区质量等级评定事宜方面的需求

1.4.4　景区看中更灵活的 A 级进入和退出机制

对于景区质量等级评定当中进入和退出机制方面，景区明显更侧重于“评估合格则进入，复核不合格则退出”的机制，占比达到 65.58%；当然也有部分景区倾向于“实施总量控制”的方式，期待达到进退平衡的呼声也比较高（见图 6）。

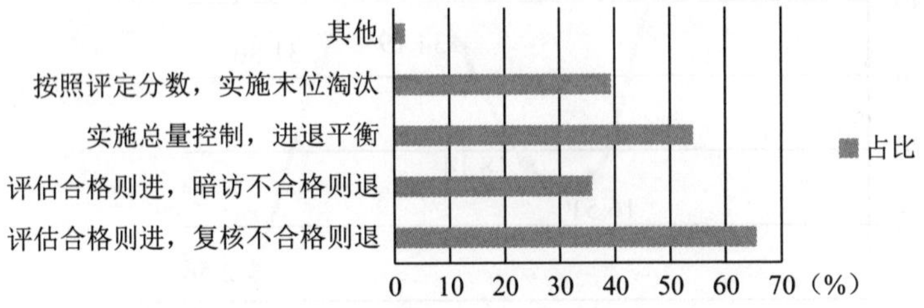

图 6　景区质量等级进入和退出机制

部分景区赞同实施“简单”的达标制度，合格则进入 A 级，不合格就退出的模式，到一定阶段实施总量控制进退平衡，这部分景区占到 54.2%。赞同按照评定分数实施末位淘汰的景区占 39.3%；赞同评估合格则进，暗访不合格则退的景区占 36.0%。总之，景区看重 A 级评定中的交流学习、专业培训，同时期待咨询测评、进入、退出机制更灵活。

1.4.5　景区期待规范和标准与时俱进

2015 年 9 月，原国家旅游局发布了《“旅游 + 互联网”行动计划》，明确到 2018 年，将推动全国所有 5A 级旅游景区建设成为“智慧旅游景区”；到 2020 年，推动全国所有 4A 级景区实现免费 Wi–Fi、智能导游、电子讲解、在线预订、信息推送等功能全覆盖。鉴于此，在标准制定和修改方面，景区对智慧景区、景区分类及旅游者行为三方面的呼声较高。尤其是建设“智慧景区”已经成为我国旅游业发展的一个新趋势。

此外，“旅游者行为”方面诉求，占比高达 48.14%，可见对于出游者素质行为的约束，还有较大提升空间。与之相关联的“投诉管理”“安全保障”都紧随其后，综合来看，景区更关注游客的行为及消费习惯（见图 7）。

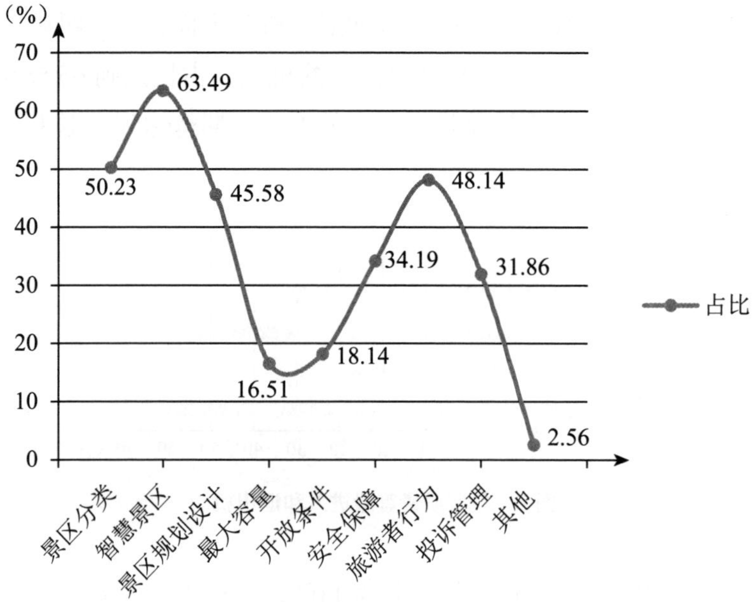

图 7　景区方面标准规范修改或制定需求

1.4.6　景区期待共享平台提供服务

对协会建立共享平台的服务内容方面，景区的期待主要集中在大数据、品牌推广、教育培训以及规划设计方面，尤其是对大数据内容的关注度最高，占比达到 70.60%。伴随着"互联网 + 旅游"时代的步伐，不只是在线旅游企业对数据的重视在提升，传统景区也逐步提升旅游数据的积累和经验总结，"智慧景区"与"数字景区"的氛围扑面而来（见图 8）。

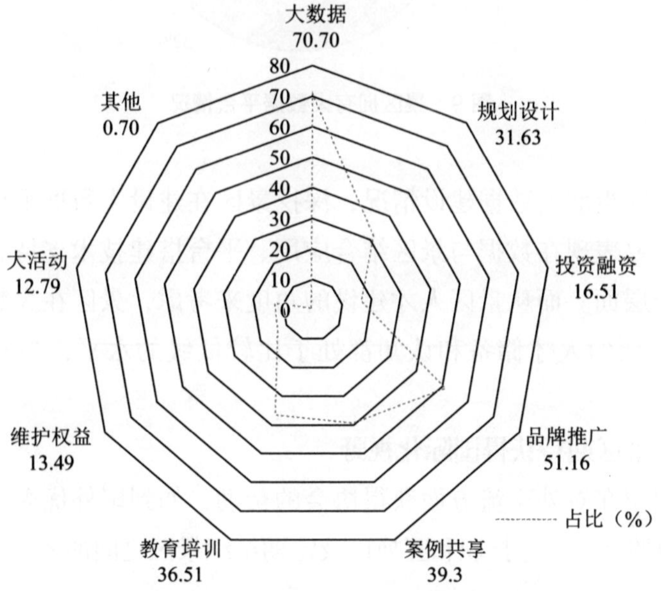

图 8　共享平台的服务内容需求

但是，现实情况可能要比想象的艰难许多。从问卷反馈的情况来看，在 423 份有效问卷中，只有 26% 的景区有自己的大数据平台，有 39% 的景区处于在建状态，没有大数据平台的景区为 32%（见图 9）。

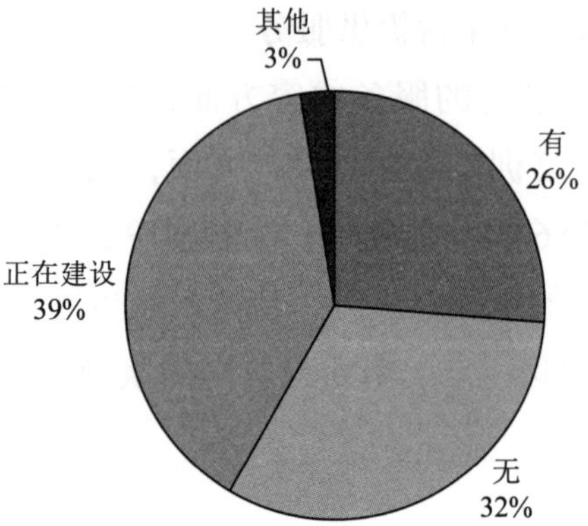

图 9　景区拥有大数据平台情况

结合景区当前大数据建设情况，深挖景区在建设大数据平台方面的问题，发现主要表现在数据与景区结合应用、平台搭建技术支持和数据的整理分析三个层面。而从景区人才建设的角度来考虑，景区在大数据或者是智慧景区方面的人才储备和认知都处于比较低级的水平，尚有很长的路要走。

1.4.7　景区期待获得国际化视野

景区期望在对外交流方面获得协会的帮助，如到国外优秀景区访问学习、景区间的专业人才挂职和互换以及定期组织景区之间的考察学习召开现场会等。

景区对于举办博览会、推介会和交易会方面的需求，低于定期组织景区之间现场考察学习会的需求，显然景区行业除了有业务方面的往来需求外，更注重学习同业经验，并渴望到海外的优秀景区访问学习，获得较高的国际视野（见图 10）。

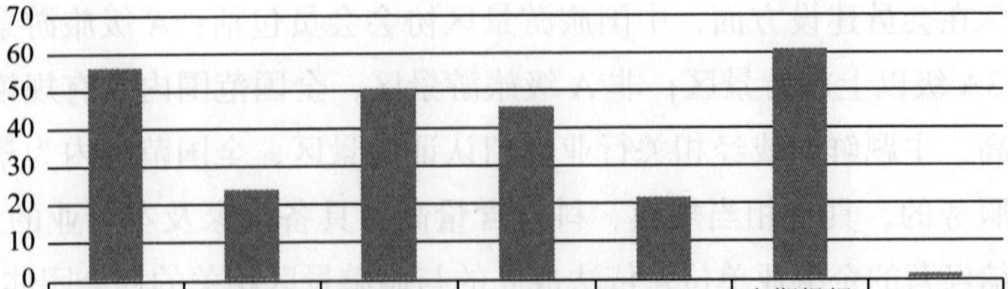

	到国外优秀景区访问学习	通过协会打通与海外专业协会关系	景区之间专业人才挂职与互换	举办景区博览会、推介会等	做微信、协会刊物等出版物	定期组织景区间的考场学习现场会	其他
■占比（%）	56.51	23.95	50.7	45.81	21.63	61.16	1.16

图 10　景区开展对外交流需求

1.5　景区管理的未来

根据上述景区方面的诉求，中国旅游景区协会下一步的工作，将主要围绕以下五方面进行。

1.5.1　加强景区基础建设

（1）建设景区公共信息服务平台。搭建一个为景区服务的公共信息服务平台，目前主要做基础部分，数据服务应用部分要在基础部分搭建完成以后，再进行相应拓展。

（2）制定景区管理的标准。目前，国家 A 级旅游景区管理标准已经有些不适应当前整个景区的发展。经过调研，景区呼声比较高的诉求是单独建立景区的分类管理标准。中国旅游景区协会准备成立分会，每一个分会单独制定标准，比如会针对古镇类型的景区制定单独的分类标准。

（3）建立专家库。

（4）建立景区的诚信体系。

1.5.2　大力发展景区会员

目前，中国旅游景区协会会员约有 800 家，相对国内近 1 万家 A 级旅游景区而言，当前的会员数量难以起到引领作用。因此，2018 年发展会员将成为中国旅游景区协会的一项重要工作内容。

在会员建设方面，中国旅游景区协会会员包括：A级旅游景区，尤其是3A级以上旅游景区；非A级旅游景区，全国范围内具有规模大、知名度高、主题鲜明或经相关行业部门认证的景区，全国范围内为景区提供相关服务的、具备相当规模、科技含量高、具备国家及本行业的专业资质、诚信经营的企事业单位；依法成立的与旅游景区相关的社会团体、组织。

除此之外，2018年中国旅游景区协会将组建四个分会，分别为山岳分会、文化遗产分会、河湖分会和主题公园分会。

1.5.3 景区业务拓展培训

根据此前调研反馈的问题，中国旅游景区协会改革培训方式，长短结合，建立五个基地，在东西南北中各建一个基地，包括景区之间的互换，即选出100个景区和100个岗位，在会员景区当中进行交流互换。

1.5.4 强化景区国际合作

中国旅游景区协会与东南亚景区及协会密切合作，各级景区联盟，围绕“一带一路”走出去，景区的管理要走出去。

1.5.5 协会自身业务拓展

中国旅游景区协会自身的业务拓展，将成为景区协会下一步的主要工作。该部分的职责主要是为景区服务，即景区需要什么，景区协会就开拓什么样的服务业务。

2　景区非门票消费调研报告

2017年9月，中国旅游景区协会组织景区规划、标准和营销领域的相关专家，在江苏、山东、云南、江西、辽宁等地开展了为期3周的考察，对封闭型景区和开放型景区、自然类和人文遗迹类景区、红色旅游景区、海洋公园、森林公园、野生动物园等不同类型的景区，进行深度调研与座谈。

人才培养、景区提升改造、智慧化建设、规划设计、营销推广、安全保障、建设资金、运营管理、管理体制、非门票消费等，都被受访景区代表列为当前面临的重要问题和挑战。

针对景区营销推广和非门票消费等相关的景区营收“消费系统”，本报告从非门票消费现状与问题、非门票消费类型梳理解析、非门票消费建设路径、非门票消费发展沟通路径四个方面进行解读。

2.1　景区非门票消费现状与问题

2014年国务院出台《国务院关于促进旅游业改革发展的若干意见》（国发〔2014〕31号）提出，到2020年，境内旅游总消费额要实现5.5万亿元的目标。要实现这个目标，景区的购物、体验等非门票消费将担负重要的任务。

非门票消费，通常也称二次消费，是景区从业人员在统计景区消费类型时的一般性用语，大多指除景区大门票外，景区内的其他各类景点与活动的小门票、快捷餐饮、零食、旅游购物、住宿和车船索道交通等消费。常见的消费类型包括快捷餐饮、旅游商品、主题餐饮、茶道表演、水体观光、水上体验、演出演艺，甚至包括文化延伸类休闲体验、康养保健、禅修养生、主题住宿等在内的消费。

对景区而言，非门票消费主要指游客在景区内进行的消费行为。随着景区多元化发展，一些古镇类、街区类、公园类景区，特别是著名的西湖风景区、调研中走访的旅顺旅游集团所属景区等，都适应需求，开始把收费的封闭型景区向免费的开放式休闲景区发展，这些发展使得门票消费、非门票消费概念有一定局限性。

鉴于此，本报告所指的非门票消费（二次消费），指景区、开放式休闲空间等旅游吸引物范围内，除大门票以外的其他与旅游高度相关的游客消费，包括但不限于餐饮、住宿（含酒店、非标住宿和民宿）、收费小景点（小门票）、小交通、体验、文创、购物、演艺等产品和服务带来的收入。

全域旅游时代，越来越多的目的地开始从景区旅游向目的地旅游调整。特别是在 5.5 万亿元目标的要求下，作为旅游最核心和根本要素的景区景点责任愈发重要。

景区要从自身建设提升方面做起，营造景区和景区周边的旅游消费场景，让更多的旅游者能有更多的非门票消费机会和热情，享受更好的非门票消费服务与体验。

调研发现，景区业主、管理者和从业人员对景区非门票消费关注程度非常高，但受限于管理体制、知识架构、理论体系、开发资金、营销渠道等，目前还存在以下问题，亟待行业人士在协会的带领下破题发展。

2.1.1　景区开放与门票依赖性

在调研交流中，专家组发现除开放型古镇 / 仿古街区外，绝大多数景区收入对门票高度依赖，甚至单一依赖；开放型或局部开放型景区中，主动开放类景区收入对门票的依赖性相对较低，被动开放类景区门票或等同于门票的准入证，仍占据景区营收的高比例份额。

2.1.1.1　主动开放型景区，消费体系参差不齐

如昆明的官渡古镇、大连海昌的东方水城、昆明的世博集团，非门票的消费体系已初步构建，但水平参差不齐。

云南昆明的官渡古镇：现为 4A 级旅游景区，属于开放型古镇，除金

刚塔建筑外，仿古街区中有大量老昆明的浓缩景点，旅游商品、非物质遗产、云南特色小吃街（商户 50~60 家）、酒吧街、瑞丽玉器、丽江银饰等旅游商品街，共计有商户 400 多家。

古镇没有门票设置，总计有出入口 20 多个，属于城中古镇型景区。年接待游客约 100 万人次，每年农历二月十九的庙会、六月十九的观音出道，都属于高峰期，客流量能达到 7 万 ~ 8 万人次 / 天。

古镇特色产品为地方美食和旅游购物。

特色美食、旅游购物对景区贡献了大量营收。

旅游购物中传统的银器、玉器等仍然占据重要的消费比例。

非门票消费中的体验类产品几乎为零。

辽宁大连东方水城：大连海昌集团的东方水城位于大连钻石港湾，也属于主动开放型景区。东方水城占地面积 40.36 万平方米，规划建筑面积 18.16 万平方米，由法国 A.R.C 建筑设计事务所设计，海昌集团投资 50 亿元于 2011 年 4 月启动建设，一期威尼斯码头已开放。

设计之初就规划了合理的消费业态，将游船（贡多拉项目）、餐饮体验等与“欧洲水城”和“海水运河”进行了有机整合。贡多拉项目本身成为水城的风光，非常具有吸引力，有大量游客前往体验。

水城项目本身即是消费特色鲜明的产品，对购物和餐饮都具有非常强的拉动消费作用。2017 年，水城项目营收达到 1000 万元，高峰时间，仅贡多拉业务就吸引游客 10 多万人次。

贡多拉项目是水城颇受欢迎的体验类消费项目。与威尼斯船夫人工划桨不同，电动贡多拉由身着特色服饰的船工掌舵，小船背景音乐具有一定的吸引力，符合大连本地消费特色和市场用户需求。

云南世博集团：经历了 18 年的发展历程，经历了世博园从高潮到亏损，到转型升级。在最辉煌的时期，半年时间接待游客近 1000 万人次，当时收入逾 4 亿元；2008 年、2009 年进入了后世博时代，出现亏损；2010 年亏损严重。

现进行了资产盘活和体验活动的丰富，上午 8 点至下午 5 点按照景区管理，下午 5 点以后按照社区、城市综合休闲体管理，一年大概接待游客 200 万人次。

园区丰富了房车露营、书屋、养老等主题体验内容，文化旅游项目设计了昆明故事。

目前基本形成门票占营收 1/3、非门票消费占营收 1/3、其他占营收 1/3 的格局。

2.1.1.2　被动开放型景区，营收额大幅度减少

丽江古城、旅顺旅游集团的部分景区，按照发展需求，开始实施免门票的开放政策。但受体制、灵活性等影响，目前均面临转型后营收减少的巨大挑战。

云南丽江古城：80 元的古城维护费一直是古城管委会日常运营的主要资金来源。云南省政府自 2000 年开始，批准丽江古城以行政事业性收费方式来收取古城维护费（云财综〔2003〕104 号，云发改收费〔2007〕252 号），收费标准从最初的 20 元 / 人天，调整至 2017 年的 80 元 / 人次。

古城维护费一旦取消，丽江古城的保护资金将面临极大的短缺，虽然管委会提出"费改票"，但古城镇出入口多，且在收取门票方面备受争议。

古城内众多的餐饮、酒吧、旅游购物等体验性产品在管理上隶属不同的主体，无法从根本上协调。

大连旅顺旅游集团：2017 年 5 月 1 日，按照旅顺区委、区政府要求，对白玉山景区（不含索道站、兵器馆、百鸟园）、东鸡冠山景区、二〇三景区（不含樱花节及其他节庆活动期间）和军港游园的门票实施免费开放政策。调研发现，旅顺旅游集团从过度依赖门票到此次被动实施免费，虽然对拉动地方旅游整体发展具有一定的前瞻性和推动力，起到了国有旅游集团应该有的模范和带头示范效应，但是从集团方面而言，四大景区并未解决好免大门票后的企业生存和发展以及消费转型的问题。未实施免费门票前，旅顺旅游集团的最高年营收在 8000 万元左右，最低的时候 4000 万元，散客占 85%。开放后散客比例不到 50%。白玉山景区和东鸡冠山景区，可供游客进行消费的旅游产品少之又少，只有和平鸽喂食、合影留念、旅

游商品购买、索道观光消费项目。除了索道收入，其他的营收大多来自停车费、商业店铺、房屋出租、樱花节观光。据预测，2018 年营收将跌落至 1000 多万元。

住宿、购物等非门票消费项目都在发展，但是还不足以支撑景区建设的地步。和平鸽喂食、合影留念、旅游商品购买、索道观光项目，形式上都是非常原始、简单的初级旅游消费业态，索道仍为敞开式的老式索道。

旅游商品大多为子弹壳、贝壳类附加值不高的初加工类旅游商品，缺乏地域特色，对游客的吸引力很弱。

2.1.1.3　传统封闭型景区，普遍依赖门票收入

绝大多数景区经营者和从业人员，都意识到对门票的单一依赖，未来会制约景区收入的增长。不少经营者甚至认为，景区的门票经济属于不良收入结构的发展困局，未来需要通过提升餐饮、体验、演艺等项目来破除，构建新的景区消费体系。非门票消费将成为景区未来业务拓展和突破困境的重要突破口。

极地海洋世界类：以海昌的海洋公园为例，园内消费收入占比是 25.2%，距离国际主题公园平均值 35%~40% 有差距，但在国内已处于领先地位。调研中发现，海昌旗下中国首家极地海洋动物馆“大连老虎滩极地海洋动物馆”，从 2002 年作为大连旅游的明星品牌营业至今，园区设备老化、区域市场辐射局限等问题已经出现。以 Hi-Club 为特色的新一代海洋文化度假产品，以“场景 +”为核心的主题休闲娱乐产品，在“存量项目的升级改造”和“业态体系的优化整合”方面，被寄予厚望。

2.1.2　景区非门票收入问题

2.1.2.1　对 IP 与场景重视不够

日本的超级旅游 IP“熊本熊”出道 4 年，为熊本县带来的旅游效益超 114 亿元人民币，代言产品销售额超过 60 亿元人民币。文创包括茶叶罐、钥匙圈、钱包、糕点、包、手机壳、饭盒、袜子、糖果、游戏等。

国内主题公园非门票收入占比约 20%，而迪士尼、环球影城的非门票收入占比高达 70%~80%。迪士尼的 IP 市场拉动系数可达 1∶2.5 至 1∶5，

其衍生品、商餐、剧场、酒店、娱乐等都具有强大的价值释放能力。

IP 在景区中获得越来越多的认同，场景和氛围给游客带来的消费影响越来越大。但调研发现，大多数景区对 IP 的认识和实践，仍具有很大距离，目前仍然缺乏统一的识别系统、明确的主题及延伸的形象、符合景区的 Logo 和卡通以及围绕 IP 的场景，这使得游客对景区缺乏鲜明的认知，对景区缺乏独特的感受，进而影响景区制造具有感染力的旅游消费场景，影响游客在景区内的非门票消费的动力。

云南石林景区：可谓云南旅游最具有识别性和号召力的核心吸引物，旅游 IP 方面的重视度不够，门票收入占营收绝对比例，场景仍然以自然场景和旅游线路设计为主，缺乏与游客在互动基础上形成的消费场景，IP 衍生品几乎没有。

大连老虎滩海洋公园：源于海洋世界类主题公园的基因，其消费场景营造粗具规模，即海洋动物表演与周边的场景具有一定的关联，与旅游衍生品的售卖有一定关联互动，对二次消费具有一定的拉动力。但从早期的珊瑚馆、水母馆到极地馆，再到二代、三代产品，各个项目对消费场景整体性营造明显不够，其 IP 发展有形象，但延伸不够深刻和明显；有故事但感染力和渗透力不强。明显不同于迪士尼的先有故事后有公园，极地海洋公园系列产品的 IP 后续爆发力和对非门票消费的拉动力有待于加强。

2.1.2.2　旅游文创开发不足

早在 2009 年，国务院出台《国务院关于加快发展旅游业的意见》（国发〔2009〕41 号），提出大力发展旅游购物，提高旅游商品、旅游纪念品在旅游消费中的比重，让景区提升旅游非门票收入有了政策的支持和保障。文件出台至今，国家旅游行政管理部门已连续 9 年举办了与旅游购物相关的中国旅游商品博览会等活动，旅游商品的发展愈发受到行业重视，特别是文创旅游商品备受目的地和景区青睐。

大多数旅游景区 / 集团意识到旅游文化创意商品的巨大的潜力和重要的附加值，积极进行文创商品的开发探索。不少旅游企业，如滕王阁、丽江古城、玉龙雪山，都进行了一定程度的文创商品开发。但文创商品不宜追求“高大上”，其文化品位不能与“阳春白雪”画等号。相反，文创商品要有一定的等级梯队，不同的消费层次应有适合其消费水平的文创产品。

不少旅游企业反映虽然对具有地方特色的旅游商品、旅游工艺品具有非常强的需求，但是缺乏思路，无从下手。在市场上找旅游商品设计公司，设计费起步价往往在200万元以上，一般景区很难承受。期待景区协会能出面，或者推荐几家收费适中的机构，或者能有更好的设计、销售一条龙服务平台。

调研发现，像滕王阁等景区，虽有颇具文化和特色的文创商品，但重“文”轻“创”，属“阳春白雪”级，虽然文化底蕴深厚，但价格高昂，不能与游客轻松产生互动，不能与游客产生共鸣。

文创商品曲高和寡，不能对接大众市场，这是文创商品开发的一个弊病。

2.1.2.3　缺乏智慧数据营销

景区对大数据、智慧旅游都有不同程度的认识，但是基于景区内游客消费行为的数据打捞缺乏实践，大数据在营销中对非门票消费的拉动作用尚不明晰。对游客在景区内的消费行为、消费足迹，尚未建立游客数据采集模型，不能识别不同消费能力的潜在游客，进而也缺乏对潜在游客在景区内进行二次消费的刺激。

2.1.2.4　开发运营人才匮乏

调研中，被访企业也提到了非门票消费专业人才问题，缺乏专业设计团队和运营团队的问题，不合理竞争引发的后遗症等。

相关的具有非门票消费专业人才或者市场营销人员匮乏，对现有景区人员的非门票消费专业培训缺少。景区找不到理念可靠、价格合适的团队设计非门票消费系统，精通非门票消费产品推广渠道的人才匮乏。

调研中有一半以上的景区反映景区缺乏营销类人才、智慧化建设人才，这些都与非门票消费息息相关。

2.1.2.5 景区外不合理竞争

调研发现，正规景区、景点现在受非正规旅游项目（非门票消费）冲击巨大。以旅顺为例，该区域有大量的演艺类项目，但因为不是A级旅游景区，不受旅游行政管理部门监管，乱定价现象明显。如鳄鱼表演，定价200~300元，但给旅行社的定价只有20元。另外，没有经过严格安全设施检查的“黑”游船横行，拉客行为明显，安全隐患多。相比之下，正规运营的景区“游船”“快艇”，受规范和安全的高标准要求，其设施和装备性能虽好，船体也新，体验感好，但相比于“黑”游船和快艇在价格上没有优势。而这类消费是构成景区非门票消费的重要来源，但因为恶性竞争，让正常经营的主体受到影响。

2.2 景区非门票消费类型梳理解析

调研过程中，通过旅游行政管理部门、地方协会、旅游企业的大量情况介绍，根据旅游的要素构成，将旅游景区的非门票类消费进行梳理，分成以下几类：特色餐饮类、主题住宿类、景区交通类、专项体验类、文化演艺类和文创购物类。

2.2.1 特色餐饮类

2.2.1.1 场景类快餐饮

以大连东方水城的布鲁日风情街为例。敞开空间的餐饮形式，通过水镇建筑、欧式桌椅等场景与环境氛围的营造，配合大量遮阳伞和海鲜、小吃、啤酒类产品，整合出既具有大连海鲜特色又富有威尼斯风情的沿街类餐饮。它的相对舒适和体面的桌椅、阳伞，以及优美的场景、整洁的消费环境，让游客有慢下来、停下来和吃起来的冲动。

当然，大连东方水域的场景类快餐饮相比国内具有领先水平的古北水镇还具有一定的差距。古北水镇的特色餐饮，每家的错时开放、餐饮品类、售卖量，都有严格的规定和详细的设计，从而让游客既解决了非餐时间的温饱又有在正餐时间继续吃好的动力和需求，既能让游客品尝花样多的小餐又能有时间进行正餐消费。所以场景类快餐的设计，还有更多的文章可做。

2.2.1.2 慢摇吧酒吧类

以丽江古城特色最为鲜明。调研走访中看到，古城有大量街道被慢摇吧、舞厅或者酒吧占据。但由于租房主体多为古镇居民个体行为，除缴税部分返还地方、拉动地方就业等因素外，其他与古城管委会之间关系不大，在游客端感觉在古城进行了大量的非门票消费，但从景区角度看，进入古城景区管理的非门票收入则较少，需要从管理体制上进行梳理。

2.2.1.3 主题室内餐饮

调研中走访的大型景区、需要停留时间长的景区，大多涉及了景区内的室内餐饮，在满足游客需求的同时，能拉动景区的餐饮类二次消费。但具有地域特色的主题餐饮、与景区主题呼应的特色餐饮开发不足，还有提升空间。

2.2.2 主题住宿类

发达国家的景区内或周边隶属景区业务模块的主题住宿，如迪士尼和海洋世界，都有非常好的营收贡献，但受限于中国景区大部分先收门票后被动发展景区的思路，景区进行大规模主题酒店、星级酒店建设的空间不大。但新兴的住宿类型，如房车、营地、帐篷、树屋、集装箱房、模块式组装房等，使景区在解决住宿问题方面将更灵活。

2.2.3 景区交通类

2.2.3.1 水上行驶类

水体型景区，游船、漂流等都是非门票消费的重要组成。如大型游船、茶艺画舫、游艇、快艇、滑水、漂流、水上自行车、潜水、帆船等，都是景区未来需要加大力度拓展的水上、水体运动项目，但仍然需要与场景营造和主题一脉相承。

2.2.3.2 陆地车辆类

目前，主题电瓶车、森林小火车、摆渡电车、轨道交通既是景区内交通工具，也是重要的游客参与度强的体验产品，能够极大地抓住家庭游客的消费心理。

2.2.3.3 索道缆车类

索道、玻璃栈道、观光电梯等是山岳型景区营收的重要来源，以玉龙雪山为例，目前已有 3 条索道，营收占比颇为乐观。

2.2.3.4 中低空飞行

随着低空的放开和通航的发展，未来景区与航空运动的结合，将给景区的非门票消费带来巨大利好，一批以运动飞机、热气球、滑翔伞、动力伞、飞机跳伞、轻小型无人驾驶航空器、航空模型为代表的中低空旅游消费，将迎来新时代。

2.2.4 专项体验类

2.2.4.1 科技体验类

当前虚拟现实 VR、增强现实 AR、混合现实 MR、体感互动、沉浸式体验、激光全息等技术，越来越多地在景区中应用。如丽江准备投入 3000 万 ~4000 万元建设智慧景区，玉龙雪山斥资进行门票的面部识别系统建设，主题公园开展声光电、VR 和 AR 的付费体验等。

2.2.4.2 节庆活动类

大多数景区将节庆活动作为重要的提升营收的途径，如二〇三樱花园的樱花节，在原有的开放型景区基础上，通过樱花节庆活动的设计，增加营收。

2.2.4.3 运动体验类

如景区内举办的马拉松、摩托艇赛、山地自行车赛等运动类活动，将会给景区带来二次消费。

2.2.5 文化演艺类

文化演艺类以演出、演艺居多，夜游项目后来居上。

2.2.5.1 夜景表演类

南昌滕王阁：在 2018 年 8 月末，开放了全市第一个夜游游园项目《滕王宴乐》，每场时长 50 分钟，定价 160 元，每晚循环演出，是对滕王阁白天观光的极大补充。据景区具体负责人介绍，《滕王宴乐》由姑苏园林控股集团联合滕王阁景区共同打造，以滕王阁及夜秀灯光为底色，以滕王画蝶、王勃诗序和临川四梦为文化背景，以大唐礼邦为主轴，通过器乐、舞蹈、戏剧融合全息技术和水幕秀等时尚科技，由夜游项目演员营造场景，游客深度参与，通过跟随演员在夜游的几个不同场景进行体验，感受大唐滕王的画意生活。

夜游项目，本身还设计了特色餐饮、文化和伴手礼等旅游购物产品的销售，能实现游客的实景化、沉浸式、体验性文化旅游。

旅顺二〇三樱花园：在春季打造樱花节的夜赏项目，延长樱花观赏时间，增加节庆亮点。

2.2.5.2 大型演艺类

调研发现，景区演艺类仍然处于上升期，“印象”系列、“千古情”系列、“山水”系列、“又见”系列，深受景区管理者的欢迎。景区在提到增加二次消费话题时，大多数表示正在邀请团队进行景区主题演艺和演出的设计，并对其寄予厚望。

丽江被称为旅游演艺之都，在年均接待游客达4200万人次的丽江，鼎盛时期《丽江印象》《丽江千古情》《丽水金沙》和杨丽萍的《云南的响声》都曾在丽江演出，加上宣科的《纳西古乐》，共计有5场大演艺/演出。演出与旅行社之间的分成机制，是影响景区/目的地演艺能否长盛不衰的因素之一，如宋城的《丽江千古情》就采用了门票180元，与旅行社之间按40元结算的策略。

2.2.5.3 表演秀场类

大连老虎滩海洋公园：粗具规模，海洋动物表演与周边的场景营造，以及旅游商品售卖有一定关联，具有一定的二次消费拉动力。

当然马戏和表演秀类产品的更高层次，如太阳马戏团、万达秀等，在中国市场得到认可和达到发展成熟期还有一定距离。美国居民人均GDP上万美元的历史阶段（1980年12570美元到1989年22870美元）让百老汇走向成熟。中国目前人均GDP水平较高的江、浙、沪、京、津及珠三角地区对演艺的需求还尚未达到一定的水平，但未来潜力不可小看。

2.2.6 文创购物类

调研发现，除主题公园有较好的文创购物设计外，大部分封闭型景区在购物场景营造和文创商品选择、购物亭店的区位设计等方面均缺乏理念指导和设计原则。

丽江古城：根据非遗制作的东巴纸以及系列衍生产品具有很好的实用性能，是非常好的文创产品。

2.3 景区非门票消费建设路径

景区是最好的平台。电商和互联网企业都在聚拢人气，有流量就有价值，而景区是天生聚拢客流、天生有流量的平台，所以景区经营者需要转变思路，梳理“景区就是平台”“景区就是入口”的思路，在自己的平台上讲好旅游的故事，丰富消费场景，提升非门票消费水平。

调研中，绝大多数景区从业人员意识到非门票消费对于景区的重要性，但从意识到行动，仍有一定距离。景区非门票消费体系，涉及景区IP、文创策划、场景布设、产品与项目设计、消费业态布局、消费营销等一系列问题。基于景区“平台”理念，从游客游览、游憩过程、消费体验角度，对景区非门票消费体系建设提出以下建议。

2.3.1 以文创IP引领非门票消费开发

提升IP在景区的整体应用。通过文创产品、IP衍生品设计、产业链结合、产品化、商品化和价值提升，用一两个含IP的拳头文创产品，拉动景区整体的二次消费，同时带动周边地区发展。

2.3.2 建设合理的非门票消费系统

景区非门票消费应从景区开发最早阶段谋划，即规划设计阶段开始介入，并贯穿景区的运营和营销全过程。景区应从开发伊始就要考虑IP、VI识别、Logo展现、主题餐饮、主题酒店、IP衍生品等方面的系统开发与布局，包括餐饮和休息区选址、游客在园区体验的节奏等，契合不同主题的非门票消费类型都需要统筹规划。以往景区的消费系统多是依赖门票收入，缺乏对非门票消费的设计，更没有围绕非门票消费系统对景区内经营性建筑与设施进行设置与布局，这也是导致景区过分依赖门票的原因之一。

景区未来的改造提升与拓展建设，在规划阶段就开始进行消费系统设计，根据消费系统合理布局餐饮、游览、交通、文化演艺、旅游购物等位置。

在当下的全域旅游时代，景区需要考虑与周边进行互动开发，合理进行景区主题住宿等布局，提升景区的营收水平，丰富景区营收业态，优化景区营收结构。

2.3.3　设计新的消费场景与销售体系

2.3.3.1　景区消费场景体系

在景区内，能赢得游客停留时间，在一定意义上就能赢得游客的消费。景区要想留得住游客，就要设计舒适的休憩空间、合理的二次消费环节、参与性强的互动活动环节。感染力足的消费场景才能刺激游客消费欲望，提升游客的非门票消费。

在景区环境下，场景消费是指游客通过"可观""可听"与自己想象的场景相吻合，让游客的"可感"与场景氛围产生共鸣，从而刺激游客产生即时情景消费行为。景区是天然的线下消费场景，需要合理设计场景内的消费环境，进行交叉销售、向上销售、推荐可选产品与服务、强化IP落地，这都是景区内消费促销和提升非门票收入的重要手段。

2.3.3.2　景区销售服务体系

景区的向上销售：指让游客在景区内花费更多的钱来购买某种旅游服务或者旅游产品更贵的版本，或购买增加了功能或质保的旅游相关产品和服务。例如，景区的卡丁车类项目，可以通过用户的生日打包服务，产生向上销售。

景区的交叉销售：指让前往景区或目的地的旅游者花费更多的钱，购买除正在观赏或体验的已购产品和服务外的其他品类的产品和服务。景区的可选产品和服务，是能够真正增加旅游价值和每客单销售额的辅助性产品。例如，景区可与知名品牌进行"赞助式"交叉营销活动，利用知名品牌的力量提升景区的非门票营收。

可选产品与服务：让场景营销能落地，有抓手。例如，主题公园中的海洋动物表演，在活动周围场地设立了相关购物和消费；主题演艺周边，还有相关的衍生产品等。

2.3.4 整合建设景区统一支付体系

景区二次消费低的另一个原因，在于景区内多业态经营主体分散，如景区不少经营性项目，通过合作或者引入产生，营收没有并入景区消费体系中。建议景区引入景区的“一卡通”或者“消费卡”，或者一站式支付（一次性结算），一方面提升景区管理部门对景区内消费的监督，有利于保障游客的合法权益；另一方面能完善景区的二次消费，提升对本地税收的贡献。

2.3.5 建设景区大数据客户管理系统

构建智慧景区与无线网络系统，一方面便于游客在景区内无线上网查询景区活动与消费信息；另一方面通过智慧景区设备采集游客景区消费行为大数据，为游客推送所在场地的活动与服务。

景区应该在智慧景区系统支持下，采集景区游客消费大数据，构建景区的客户关系管理系统，即 CRM 系统。在完善和“智慧”应用的前提下，通过景区内铺设的 Wi-Fi、运营商的数据等，发现景区内游客的多种需求，根据多种需求推送和提供多种适合游客的旅游产品或服务，从而增加游客在景区内的二次消费。

2.4 景区非门票消费发展沟通路径

针对此次调研中发现的景区非门票消费现状和问题，结合未来旅游发展和景区的自身需求，中国旅游景区协会应该积极发挥自身职能，采取积极有效措施和行动，帮助景区建立非门票消费体系，提升景区营收和游客消费体验，推动全行业景区转型提效。

协会对景区非门票消费指导的具体措施与抓手如下：

- 设立联络协调部门，帮助沟通协调

- 创办《旅游景区》会刊，设立专栏交流
- 举办景区文创论坛，推动文创设计
- 选择分类样板景区，组织考察培训
- 遴选专家团队机构，提供服务支持

2.4.1　设立联络协调部门，帮助沟通协调

2.4.1.1　协会秘书处设立“联络协调部”

应该充分发挥沟通各级旅游管理部门和景区的纽带与桥梁作用，在协会秘书处设立“联络协调部”，负责旅游部门管理与景区间的沟通。

2.4.1.2　联络协调部主要职能与机制

主要职能：帮助各级旅游部门梳理景区在非门票消费方面的问题，根据景区的业务需求，将最新的与非门票消费相关的政策、法规、规范和标准等向景区进行传达和解读。

沟通机制：建立与旅游管理部门的对话和沟通机制，对与非门票消费相关的定价问题、责任问题（如丽江被投诉），帮助景区梳理问题查找原因。

协调机制：根据景区提出的问题（如大连调研中，景区提出的黑游船、非法经营问题，低价竞争导致劣币驱逐良币问题），协调旅游管理部门解决问题，保护景区合法经营者的权益。

2.4.2　创办《旅游景区》会刊，设立专栏交流

2.4.2.1　创办《旅游景区》会刊的必要性和定位

协会需要有自己的会刊，建设和强化自己的宣传通道。一类是向社会宣传的通道，帮助景区宣传好的实践经验，传播景区正能量，在景区遇到负面新闻和舆情时，能第一时间给景区提供服务和支持，协助景区正确处理，通过协会信赖的媒体发声；一类是向同业，即各级旅游管理部门、景区以及相关业务部门进行宣传的通道，收集行业最新动态、非门票消费的最新趋势，让会员之间及会员与协会的关联性更强。

2.4.2.2　会刊设置“非门票消费”专栏和作用

非门票消费是景区重要的营收体系，涉及策划、规划、设计、建设、销

售、服务、游客消费引导与数据采集等诸多方面。景区不仅需要专业机构帮助策划、规划、设计与建设指导，更需要经营中的销售、服务与营销方面的具体经验与指导。会刊作为景区员工重要的学习与交流平台，可以鼓励各景区总结非门票消费经营方面的经验，设立“非门票消费”专栏，为引导景区之间交流学习提供了重要的平台，有利于促进同业之间的经验分享，相互提高，共同发展。

2.4.3 选择分类样板景区，组织考察培训

景区协会应主动发掘遴选优秀的非门票消费景区作为样板景区，组织景区成员进行现场考察交流，创新学习方式，进行实例实操培训指导。

选择非门票消费建设较为突出的景区，如本土 IP 策划、特色体验交通、特色场景设计、特色体验活动、景区消费大数据、客户营销系统等建设优秀的景区作为不同类型样板，突出各个类型的示范引领作用。

遴选最新的非门票消费、非门票消费的技术支持、非门票消费需要的金融支持和政策环境、二次消费人才培养方案等方面经典案例，对旅游景区管理者、决策者进行示范培训。

结合样板景区，定期组织和开展培训，举办文创商品展览，进行成员间的现场办公会议和经验交流，通过实战学习新经验。

2.4.4 举办景区系列活动，推动文创设计

景区协会应积极挖掘和发现优秀的景区非门票消费案例和实践，弘扬正能量，讲好中国故事。每年末，景区协会对会员景区、非会员景区、海外景区的非门票消费、景区营销的优秀案例，进行盘点和点评，推荐优秀案例。

另外，景区协会每年组织举办系列论坛，结合论坛举办相关文创系列活动。鼓励景区积极参加，推动和引领景区 IP 文创设计、IP 衍生品开发和文创旅游商品的设计，相互交流经验。

景区活动和年度论坛，包含如下活动：

- “中国旅游景区 C 盘点”
- “景区 IP 奥运会暨 IP 论坛”

- “中国景区文创年度经典颁奖”
- “旅游景区文创案例分享”
- “旅游景区文创商品年度经典颁奖”
- “中国景区大学生文创设计大赛”

2.4.5　遴选专家团队机构，提供服务支持

调研中，景区企业提出对景区内非门票消费有需求，但缺乏专业策划设计、运营与营销人才和团队，找不到合适的咨询服务机构和供应商，需要协会推荐。

建议在协会下成立文创设计、消费营销、演艺策划专家智库，包含：

- 景区文创营销演艺专家智库
- 景区二次消费营销服务机构
- 景区二次消费开发供应商会

2.5　总结

旅游要发展，要实现国家制定的2020年“境内旅游总消费达5.5万亿元”的目标，景区协会需要肩负起对景区的引领、培训和发展的重要任务，通过协会与会员之间的交流，让景区协会会员能紧扣时代脉搏，提升符合游客新消费需求的景区旅游产品，研发符合趋势和潮流的旅游二次消费体系，并通过景区协会会员的示范作用，让更多景区和旅游目的地、旅游吸引物能看到“非门票消费”的红利，进而通过研发、设计，享红利、促发展。

3 中国旅游景区发展报告

旅游景区是我国旅游业发展重要的生产力要素，是旅游吸引力的根本来源。可以说，它们是中国旅游产业要素的主体部分和突出代表。从改革开放以来的旅游发展历程看，入境游客是景区吸引的，国内游客也是景区吸引的。

总体上看，中国的旅游业从入境旅游起步，到如今入境旅游、出境旅游、国内旅游三驾马车并行；从要素短缺开始，到如今食、住、行、游、购、娱门类齐全；从外事接待类开端，到如今成为国民经济战略性支柱产业；从一个旅游资源大国，发展成为世界上举足轻重的旅游大国，正在走向旅游强国。在这个过程中，旅游活动从单一观光，逐步走向复合型的旅游生活，从线路旅游，拓展为全域旅游。在这个变革、发展的过程中，旅游景区的角色虽然也发生着深刻的改变，但始终处于旅游消费和旅游供给的核心位置，内涵不断深化，外延不断扩大，是旅游产业中最为活跃、最为关键的组成要素。

旅游景区是动态发展的，我们可以肯定的是，中国特色社会主义进入新时代，中国的旅游景区将会更加得益于建设生态文明、美丽中国，建设社会主义文化强国的大背景、大趋势，自身也会更加注重生态环保，注重绿色发展，更加注重文化的保护与传承，更加体现和凝聚中国特色社会主义文化，进入新的发展阶段。

3.1 数量和质量

3.1.1 界定

根据《旅游景区质量等级的划分与评定》（修订）（GB/T 17775—2003），旅游景区（tourist attraction）是以旅游及其相关活动为主要功能或主要功能之一的空间或地域。本标准中旅游景区是指具有参观游览、休闲度假、康乐健身等功能，具备相应旅游服务设施并提供相应旅游服务的独立管理区。该管理区应有统一的经营管理机构和明确的地域范围。包括风景区、文博院馆、寺庙观堂、旅游度假区、自然保护区、主题公园、森林公园、地质公园、游乐园、动物园、植物园及工业、农业、经贸、科教、军事、体育、文化艺术等各类旅游景区。

从这个界定上看，旅游景区是以需求为导向的，即不是从资源出发，而是从功能出发进行的界定，即具备旅游功能的特定区域。宽泛一点说，就是只要接待旅游者有专门管理服务、范围明确的地方，那就是旅游景区。这个定义英文上的含义是“旅游吸引物”。旅游吸引物也是一个很宽泛的词语，简单说就是旅游者之所以到这里旅游的原因，因此，它可以是旅游景区，也可以是一个酒店、一个餐馆，或者阳光、海水、空气。从定义和分类看，接待旅游者、有服务设施、统一管理、范围明确的空间或地域，就是旅游景区。旅游景区的概念跟收费不收费、资源品质高不高、天然的还是人造的、归国家管还是私人自己的，都没有必然的关系。小到一个寺庙、博物馆，大到一个森林公园，都可以界定为旅游景区。

这个概念的界定，鉴于旅游行政管理部门的出发点，是非常宽泛的。这种宽泛的特点，反映了旅游者的活动规律，体现了行业的开放性和需求导向，但也带来了管理权限上的纷争。在A级旅游景区标准实施推广之初，曾有相关部门要求各级风景名胜区、文物保护单位、自然保护区不参加A级旅游景区的评定的行为。风景区、森林公园、自然保护区、文物保护单位等功能区，虽然也接待游客，属于旅游景区的范畴，但名称上却不沾“旅游”二字，在功能表述上，也尽量用“游览”“游憩”“参观”等字样，不出现“旅游”的字样。因为出现了，就意味着有可能归旅游部门管理。

总之，这个旅游景区的界定，是从旅游行政管理部门角度给出的，虽然是一个开放的概念，但从一开始就带有很强的行政色彩。

3.1.2 分类

旅游景区的概念界定，必然带来分类上的界定，进而就是管理权限的划分。旅游景区概念的确定，晚于旅游景区的产生。从景区的类型来说，首先是资源类型的划分，包括自然型、人文型、社区型、复合型；其次是以所有权划分，有国有的、民营的、集体的；再次是以等级划分，国家旅游局推出了 A 级标准，其他的也有国家级、省级、市级之分；最后是从资源主体和管理权限来划分，如国家风景名胜区、全国重点文保单位、国家水利风景区、国家地质公园、国家森林公园、国家矿山公园等（见表 1）。

表 1 "十二五"期间 A 级旅游景区分类数量情况

	2012 年（家）	2013 年（家）	2014 年（家）	2015 年（家）
自然景观	1866	2039	2184	2295
主题音乐	191	257	293	317
乡村旅游	373	455	556	705
历史文化	1475	1274	1365	1484
科技教育	51	70	84	93
红色旅游	200	323	358	382
工业旅游	75	118	157	184
度假休闲	923	1045	1231	1324
博物馆	389	516	559	581
其 他	499	507	572	586
总 计	6042	6604	7359	7951

从实质上说，大部分旅游景区是依托各类资源而产生的旅游吸引力。旅游景区的类型多，也就意味着"婆婆"多。"婆婆"多意味着"虽进一家门，但非一家人"。

风景名胜区：根据国务院于 2006 年 9 月 19 日公布并自 2006 年 12 月 1 日起施行的《风景名胜区条例》，由国务院批准公布国家级风景名胜区。

能够反映重要自然变化过程和重大历史文化发展过程，基本处于自然状态或者保持历史原貌，具有国家代表性的自然景观和人文景观，可以申请设立国家级风景名胜区，报国务院批准公布。

森林公园：（根据1994年1月22日林业部令第3号，2011年1月25日国家林业局令第26号修改，2016年9月22日国家林业局令第42号修改）《森林公园管理办法》中提出，森林公园是指森林景观优美，自然景观和人文景物集中，具有一定规模，可供人们游览、休息或进行科学、文化、教育活动的场所。分为国家级、省级和市、县级。

绿水青山都想通过旅游发展转变为金山银山。这些资源管理区，由于具备多种功能、综合价值高，必然导致利益上诉求聚焦，体现在不同管理部门之间的重叠，也与所在地政府存在利益纷争。例如张家界武陵源，是风景名胜区、森林公园、地质公园、自然保护区，也是世界自然遗产，还是5A级旅游景区。国家旅游局制定和实施A级旅游景区标准，主观上也存在“扩大地盘”的驱动。资源管理的部门分割的情况也引起了党中央国务院的重视，于是出台了国家公园体制。

习近平总书记在十九大报告中指出，要构建国土空间开发保护制度，完善主体功能区配套政策，建立以国家公园为主体的自然保护地体系。根据2017年9月公布的《建立国家公园体制总体方案》，国家公园是指由国家批准设立并主导管理，边界清晰，以保护具有国家代表性的大面积自然生态系统为主要目的，实现自然资源科学保护和合理利用的特定陆地或海洋区域。国家公园的首要功能是重要自然生态系统的原真性、完整性保护，同时兼具科研、教育、游憩等综合功能。改革分头设置自然保护区、风景名胜区、文化自然遗产、地质公园、森林公园等的体制，对我国现行自然保护地保护管理效能进行评估，逐步改革按照资源类型分类设置自然保护地体系，研究科学的分类标准，理清各类自然保护地关系，构建以国家公园为代表的自然保护地体系。

旅游景区的类型很多，资源类型不同、所有制不同、管理部门不同，这些不同交织在一起，就出现了多种属性。例如风景名胜区、森林公园，资源是国有的，带有公益性，又归属地管理，对利益有诉求，存在市场性，于是在经营管理、门票价格上就会出现不同的看法。

2017 年 9 月，中国旅游景区协会组织对全国的旅游景区进行了一次集中调研，实地考察和座谈了 20 多个不同类型的旅游景区，发现了一些之前我们忽视的问题，其中就包括不同类型的旅游景区的不同关注点。

例如，绿水青山的自然型景区，关注的是生态保护、容量控制；古城古镇乡村旅游等社区型旅游景区关注的是社区关系、业态丰富；文物保护单位关心的是游客行为规范，人来得越少越好；游乐场、海洋公园等人造型的旅游景区，关注的是产品更新、土地综合开发，人越多越好。景区所有权的不同也伴随着关注点的差异。国有资源的旅游景区，关心的是体制改革、简政放权、政企分开；民营的旅游景区，关注的是资源使用权的保护、政企合作。

调查发现，不同类型的景区的管理重点、经营理念、服务要求是不同的，有的甚至是相反的。用一个标准、一把标尺来规定和衡量这么多类型的旅游景区，显然是不够的。因此，未来的旅游景区应该是百花齐放、分类指导的。

3.1.3 数量

自 1982 年起到 2017 年 3 月 21 日，国务院总共公布了 9 批 244 家国家级风景名胜区。其中，2007 年以前称国家重点风景名胜区，2007 年起改称中国国家级风景名胜区。

从 1961 年到 2013 年，国务院公布了 7 批 4296 家全国重点文物保护单位。

从 1982 年到 2015 年，国家林业局公布了 826 家国家级森林公园。

从 2000 年到 2017 年 9 月，国土资源部公布 7 批共 206 家国家地质公园。

从 2004 年到 2014 年，水利部公布了 658 家国家水利风景区。

从 2005 年开始，国土资源部公布了 3 批共 72 座国家矿山公园。

截至 2018 年 7 月 2 日第 42 届世界遗产大会，经联合国教科文组织审核被批准列入世界遗产名录的中国世界遗产共有 53 项，其中世界文化遗产

31项、世界文化景观遗产5项、世界文化与自然双重遗产4项、世界自然遗产13项，世界遗产总数仅次于意大利（54项），名列世界第二。

从1999年到2015年，全国A级旅游景区的数量达到7951家。到2017年10月，全国5A级旅游景区的数量突破了250家。

全国各类旅游景区的总数量，由于分散在各个部门，而且尚未全部进入A级旅游景区序列，因此缺少准确的数据。业内权威人士估测，全国开放的、形成一定接待规模的旅游景区数量超过2万家。而截至2017年年底，全国有2851个县级行政区划单位，这相当于平均每个县至少有7家旅游景区。结合包容性最强的A级旅游景区的数量情况判断，这个2万家是比较客观的数据。

从对"十二五"期间的A级旅游景区分类统计数量看，自然景观和历史文化类型的旅游景区数量最多。

3.1.4 质量

经过10年左右的评定，全国5A级旅游景区的数量已经超过250家，从名单以及实际品质看，基本涵盖了当前品质最高的旅游景区，算上尚未完成评定程序或者年限尚未满足要求，但资源和服务品质已经达标的景区，到"十三五"期末，客观上符合条件的5A级旅游景区数量应该在300家左右。

考虑到国家级风景名胜区数量244家，世界遗产数量53家，加上为数不多的人造景区和其他类型的景区，高品质旅游景区的数量在300家左右是比较符合实际的。那么高品质景区在全部景区中的比重，大约在1.5%，也就是"百里挑一"的概念。在这300家高品质景区里，大约有1/10即30家是具备国际吸引力的，也就是世界级的旅游景区是"千里挑一"的。

经过改革开放40年以来的发展，我们的旅游景区已经上了一个又一个大的台阶，有一批景区已经进入世界一流的行列。比如人文方面的故宫、兵马俑、丽江古城、平遥古城，自然方面的黄山、九寨沟、张家界、武夷山，这在国际上都是一流的。人造景观方面，有华侨城的欢乐谷、广东长隆度假区，迪士尼和环球影城也进入了中国。随着文化旅游投资的兴起，涌现出了一批修复和创新的小镇及综合体，如台儿庄古城、乌镇、古北水镇等，建成了精品。但这种精品景区毕竟是少数，绝大多数还处在努力奋斗的过程之中。可以肯定的是，中国旅游景区的数量增长型发展阶段已经结束，求精、求美、求特的质量时代已经来临。

中国特色社会主义进入新时代，我国社会主要矛盾已经转化为人民日益增长的美好生活需要和不平衡不充分的发展之间的矛盾。美好的旅游景区，是人民群众美好生活的需要，但客观上存在着发展不平衡不充分的问题。从数量上看，已经不少；从质量和结构上看，仍在路上。

3.2 体制与管理

3.2.1 管理模式

旅游资源的类型决定了旅游景区的利用方式，从而很大程度上决定了旅游景区的管理模式。总体上看，我国旅游景区的管理模式，可以大致分为以下四种类型。

3.2.1.1 资源管理型

主要是自然资源和文物保护单位。出于保护的需要，由政府组成部门或派出机构对特定的资源聚集区行使管理权。这种管理权有法律依据，有资源保护的执法机制。这种管理权的范围要小于地方政府的行政管理权，除去资源保护相关的权限，仍是属地管理。管理机构表现为各种管理委员会、管理局、管理处等。风景名胜区、森林公园、自然保护区等多采取这种管理模式。

3.2.1.2 社区管理型

主要是人文资源聚集区。建筑、街区以及生活方式，成为旅游吸引物。旅游景区、生活社区、生产区等融为一体。出于资源保护、秩序维护和关系协调等需要，由政府或者派出机构对特定资源聚集区行使管理权。这种管理的对象是建筑、街区等构筑物以及生活在其中的人。管理机构表现为管理委员会、管理局、管理处，或者干脆就是一级政府。历史文化名城名镇名村、古镇、古村、乡村旅游区以及旅游度假区多采用这种管理模式。

3.2.1.3　项目管理型

主要是人造资源项目，即通过新的创造而形成的旅游景区。这种景区产权明晰、边界明确，由投资和经营主体来进行管理。一般采用公司制，业主单位直接管理或者委托管理。游乐场、主题公园以及全新建设的特色小镇等人造旅游景区，都是典型的项目管理模式。

3.2.1.4　质量管理型

通过标准的实施和评估形成质量认证，对质量进行监管并持续认证的方式，为质量管理模式。这种管理是一种结果管理，合格即给予认证，不合格即取消认证。旅游管理部门目前的A级旅游景区、旅游度假区、生态旅游示范区等，采取的方式就是质量管理，包括制定标准、实施标准、组织评估、颁发证书、复核检查、再评估等程序环节。其特点是依据标准。其实质就是标准化和质量认证。

3.2.2　旅游行政部门管理

3.2.2.1　质量认证

国家旅游行政管理部门对旅游景区的管理，实际上是质量管理，或者说认证管理。根据《中华人民共和国认证认可条例》，认证是指由认证机构证明产品、服务、管理体系符合相关技术规范、相关技术规范的强制性要求或者标准的合格评定活动。

中国目前开展的产品认证可以分为国家强制性产品认证和非强制性产品认证。强制性产品认证制度，是各国政府为保护广大消费者人身和动植物生命安全，保护环境、保护国家安全，依照法律法规实施的一种产品合格评定制度，它要求产品必须符合国家标准和技术法规。中国强制性产品认证，又名中国强制认证（China Compulsory Certification，简称CCC，也可简称为“3C”标志），是中华人民共和国实施的国家标准，是中华人民共和国国家质量监督检验检疫总局（AQSIQ）及中国国家认证认可监督管理委员会（CNCA，简称“国家认监委”）根据2001年12月3日公布的《强制性产品认证管理规定》（国家质量监督检验检疫总局令第5号）制定，由国家认监委执行，于2002年5月1日起实施。根据国务院授权新成立的国家认监委的工作职能，实施强制性的产品认证制度。非强制性认证是组织根据组织本身或其顾客、相关方的要求自愿申请的认证。非强制性认证多是管理体系认证，也包括企业对未列入中国强制认证目录的产品所申请的认证。

全国旅游标准化技术委员会负责制定旅游领域的标准，有国家标准和行业标准。其中包括旅游景区的质量标准。国家旅游行政管理部门组织旅游资源质量评定委员会，制定评定办法，由专家对申报的旅游景区进行评定。最早的国家A级旅游景区的标准和评定工作，是1999年开始的。

1999年6月14日，国家质量技术监督局正式批准《旅游区（点）质量等级的划分与评定》国家标准，即GB/T 17775—1999。该标准于1999年10月1日起正式实施，由国家旅游局负责归口管理。景区评级以该标准为依据，配套制定了《旅游景区（点）质量等级的划分与评定》的实施细则。合格景区将获得相应的A级，简称为A级旅游景区。此标准对景区级别评定的最高标准是4A级，并未有对5A级标准的制定。

首批国家4A级旅游景区是在2001年全国旅游工作会议上宣布的，187家旅游景区获此殊荣，标志着A级旅游景区在中国的正式出现。2002年，修订了《旅游景区（点）质量等级的划分与评定》标准。核心内容是将景区评定的最高级别从4A级增加到了5A级。国家质量监督检验检疫总局于2004年10月28日正式发布了修改后的新标准，即GB/T 17775—2003，并于2005年1月1日起正式实施。

配合新标准的实施，原国家旅游局于2005年7月6日发布了第23号令《旅游景区质量等级评定管理办法》。据《旅游景区质量等级评定管理办法》，景区级别评定流程分为国家级和省级两个级别。5A级旅游景区从4A级旅游景区中产生，由全国旅游景区质量等级评定委员会组织评定。2007年5月，66家景区被全国旅游景区质量等级评定委员会组织评定后，批准为首批国家5A级旅游景区。

2012年，原国家旅游局将2005年颁布的《旅游景区质量等级评定管理办法》修订为《旅游景区质量等级管理办法》。

按照管理办法，经过资料审核、景观价值评价、现场检查、社会公示等一系列程序，经公示无重大异议或重大投诉的景区，由全国旅游景区质量等级评定委员会发布质量等级认定公告，颁发证书和标牌。对游客好评率较低、社会反响较差、发生重大安全事故、被游客进行重大投诉经调查情况属实及未按时报送数据信息或填报虚假信息的A级旅游景区，视情节给予相应处理。处理方式包括签发警告通知书、通报批评、降低或取消等级。事实上实施了数量控制，利于保障质量。

各个地方政府之所以重视A级旅游景区，一是实质上是原国家旅游局发的牌子，数量不多，程序严格，含金量高。二是分等论级代表了品质差异，市场导向性强。三是量少而严格，获得不易，是地方旅游发展政绩的表现。旅游领域的标准不少，能发的牌子也不少，但大家对5A级旅游景区以及国家级旅游度假区的重视程度高，跟等级名称、程序严格等有很大关系。

3.2.2.2　管理特点

旅游景区的等级划分与评定标准是推荐性标准，不是强制性的标准。认证评估依据的是一个推荐性的质量标准，还不是法律法规。根据《旅游景区质量等级管理办法》，旅游景区接到警告通知书、通报批评后，须认真整改，并在规定期限内将整改情况上报相应的等级评定机构，整改期满仍未达标的，将给予降低或取消等级处理。凡被降低、取消质量等级的旅游景区，自降低或取消等级之日起一年内不得重新申请等级。也就是说出现问题的景区，最严重的处理方式是摘掉A级旅游景区的标牌。而景区依然存在，依然在运营。所以这实质是一种认证管理。

这种质量认证的管理方式，存在一个潜在的问题。按道理标准的制定与认证不能是一个机构，即裁判员和运动员不能是同一个人。从监管上看，标准制定是标准委的事情，认证认可是认监委的事情。在认证方面，国家只是对强制性的产品认证有明确规定，对于服务业认证尚处于探索阶段。总体看，在工业、农业领域，标准的制定和认证是分开的。在服务业领域，这个划分并不清晰。很多部门既是标准制定者，也是质量认证者。实际操作中，在服务领域，对于第三方认证的权威性和影响力，各地政府、旅游景区以及消费者还存在很大的质疑。

2003年前后，原国家旅游局也研究过成立认证中心，对旅游景区等进行认证。《中华人民共和国认证认可条例》第十条规定：认证机构不得与行政机关存在利益关系。认证机构不得接受任何可能对认证活动的客观公正产生影响的资助；不得从事任何可能对认证活动的客观公正产生影响的产品开发、营销等活动。认证机构不得与认证委托人存在资产、管理方面的利益关系。

鉴于操作上需要去行政化，容易导致旅游管理部门对认证的失控，因此没有深入推进，半途而废。目前的《旅游景区质量等级管理办法》，虽然在行政许可、质量认证等方面存在内在的矛盾，但也是符合我国行业管理和质量认证的现状的。“存在即是合理的”，但这个问题随着市场经济的深化可能会进一步凸显。由旅游管理部门主导的景区质量认定制度，也依然需要不断地改进。

3.2.3 两权分离

3.2.3.1 历史回顾

旅游资源的两权分离，就是所有权与经营权分开，此概念来自于20世纪80年代对国有企业承包经营。旅游景区的两权分离，最早的案例是四川万贯集团买断经营碧峰峡景区经营权，作为民营企业介入国有自然资源的旅游经营，当年在业内激起千层浪。也有国有企业介入国有资源的，如1999年华侨城进入曲阜的三孔景区进行管理，但遭到文物部门反对，由于“水洗三孔”事件的发生，华侨城最后退出三孔景区管理。

旅游资源的两权分离，无论是学术界还是实业界，在20世纪末和21世纪初，都出现了大争论。《风景名胜区条例》等法规的修订，就有很强的指向性，风景名胜区的门票经营单位不能上市。一些旅游企业的上市受到影响。1998年桂林旅游上市，一开始的盘子里涉及四个景区，在桂林论证了一次不成功，又到北京来论证，金融证券领域的专家都赞成，建设环保文化领域的都反对，而且说凡是上市就有腐败。多方争执下，只能把这四个景区从上市的盘子里抠下来。由于不能进入资本市场，影响了景区发展。这里不是简单的学术争论问题，涉及实践，也涉及发展。这个问题到现在也没有解决，实际上涉及一些部门利益。

湖南、四川等很多省区市的政府支持旅游资源的两权分离，只要不违反法律法规即可操作。因此，在 2000 年前后，有很多民营资本介入山水自然资源以及古城古镇古村落的旅游经营。比如，中坤集团经营黄山的西递古村落，后来成为世界文化遗产。随着政府财力的增长，公共资源管理意识的增强，以及对发展旅游业的重视，加之不少企业在买断资源后经营不善，在 2008 年前后，很多地方将那些已经被买断的旅游资源又收回来了。

3.2.3.2 现状与未来

旅游资源的两权分离，多数发生在 1996~2005 年这 10 年间，当时的经营期限，一般都是 30~50 年。《中华人民共和国农村土地承包法》第五条规定："农村集体经济组织成员有权依法承包由本集体经济组织发包的农村土地。" 第二十条规定："耕地的承包期为三十年。草地的承包期为三十年至五十年。林地的承包期为三十年至七十年；特殊林木的林地承包期，经国务院林业行政主管部门批准可以延长。"该期限适用于：农村集体经济组织成员承包由本集体经济组织发包的农村土地，属于对特殊主体的特别规定。《中华人民共和国合同法》第二百一十二条规定："租赁期限不得超过二十年。超过二十年的，超过部分无效。租赁期间届满，当事人可以续订租赁合同，但约定的租赁期限自续订之日起不得超过二十年。"所以除特别主体以外，其他一般主体订立土地使用权租赁合同不得超过 20 年，超过 20 年的，超过部分无效。按照这个法律规定，土地租赁时间最长是 20 年。

这些旅游景区两权分离的合同大部分是在"九五"期间签订的，那么在"十三五"期间，20 年就到期了。这些经营景区的企业，有的做得好，有的做得不好，都投入了资金和精力。民营资本与国有资源的关系，是个敏感的关系，如何妥善处理好这种经营模式，是个需要高度重视的问题。目前看，PPP 以及委托经营、特许经营等模式，已经是合法的、规范的模式，配套政策和制度也在不断完善。一个可行的办法，就是把之前的买断或者承包经营的合作方式，转变为现在合乎规范的形式。

从欧美国家的国家公园体制看，以及从《风景名胜区条例》中关于经营服务设施的规定看，之前完全意义上的整体两权分离很难再出现。“上帝的归上帝，恺撒的归恺撒。”部分经营服务项目或设施采取公私合作的模式，将是主流。

国家公园中的交通、环保等基础设施，古城古镇的交通、环保等基础设施，以及部分服务设施，都是民营资本介入的领域，政府采取适度的管制，保障排他性的经营和合理的利润率。这在美国、欧洲都已经形成成熟的模式。未来，PPP、特许经营、委托管理将是旅游景区两权分离的主要运营方式。

3.3 未来的趋势

3.3.1 休闲时代

后工业化和技术进步所带来的，是对人的解放，让人从繁重的劳动中解脱出来。可以预见的是，四天工作制、四小时工作制，都是近在眼前的事情。闲暇时间，不再是奢侈品，但对闲暇时间的消费，成为大课题。对闲暇时间的消费方式，就是休闲。旅游是休闲的一种方式，景区是旅游休闲的一个对象。可以明确的是，未来的社会经济资源将重点向休闲领域配置，这种背景下，景区以何种方式存在和发展，同样是个大课题。

3.3.2 “旅游 +”与“+ 旅游”

“旅游 +”与“+ 旅游”，从本质上是一回事，只不过是主语不同，着眼点不同而已，简单说就是旅游边界的扩大。“旅游 +”，从旅游角度出发，或者是旅游者的体验对象的扩大，或者是旅游企业服务链的延长。“+ 旅游”，从相关产业出发，或者是新增加了旅游体验功能，或者是成为新的旅游吸引物。不管是加还是被加，都反映了大旅游、大产业、大市场的特点。这反映到旅游景区身上，就是内涵和外延也随之扩大，很多原来不是景区的地方把自己也称为景区，或者相似的称呼。

3.3.3 景区化

无论是叫全域旅游也好，还是叫“旅游 +”或者“+ 旅游”也好，社会上一个突出的现象就是景区化，即城市、城镇、乡村乃至工厂、学校、商场，都按照景区的标准来建设和优化，甚至申报创建 A 级旅游景区。例如，义乌等地的有些商业设施就成为 A 级景区，杭州的高校也曾计划申报 4A 级旅游景区。这种明显的趋势就是“景区化”，即越来越多的空间和场所，追求景观的美化、标识的完善以及服务的附加，已经达到了景区的标准要求。这对于景区的范围界定，也带来了新问题。

3.3.4 市场经济

国外也存在数量多、质量好的旅游景区，形式有国家公园、文化遗产、主题公园等，有的也采取了封闭管理，有专门的管理机构，收取门票。跟中国的差别主要是门票价格相对较低，容量控制比较严格。管理上基本是资源管理、社区管理、项目管理。放眼世界看，依托标准化的质量管理，也就是 A 级旅游景区管理，是中国的首创。市场经济国家多是“小政府”，政府对旅游景区的经济期望不高，公共服务等社会功能优先。随着我国市场经济水平的深化，也会进入到这个阶段。

3.3.5 出境便利化

中国的世界化趋势不可逆转，越来越多的国家给予中国人免签待遇。人民币越来越国际化，中国人的出境越来越方便，出境旅游规模不断增长。相对于国内旅游，出境旅游的吸引力更大，因为境外有保护更好的风景、差异性更大的文化。异域风情本身就是吸引物，因此出境旅游的吸引力比国内旅游要高很多。出境便利化，旅游者的选择更多，这意味着中国的旅游景区将面对世界范围的竞争和挑战，尤其是人造型景区，将面临前所未有的压力。

3.3.6 智能化

大数据、物联网、人工智能……未来已来，不可逆转。党的十九大报告提出，“提高社会治理社会化、法治化、智能化、专业化水平。”智慧景区，在“十一五”期间就已经有九寨沟、黄山等景区做出有益尝试，在“十二五”期间原国家旅游局大力倡导。但智慧旅游、智慧景区的技术和功能要求始终没有出来，相关的标准也没有形成。目前的智慧景区、智慧旅游尚处于信息技术应用的初级阶段，只是有电子门禁、实时监控而已。随着人工智能等智慧技术的发展，旅游景区也将必然进入到一个崭新的智能化时代。

3.3.7 未来判断

从趋势看，未来有这样几个判断：

一是管理体制更加简洁。主要是国家公园体制的推行，会很大程度上改变自然资源聚集区的多头管理的格局。旅游管理部门如何介入，是个新课题。

二是景区外延越来越宽泛。对于行业管理而言，一方面需要明确界定范畴，另一方面需要分类指导。对于行业管理而言，泛景区化和闭关心态都是不可取的。

三是质量追求越来越凸显。越来越多的景区希望获评5A级，但毕竟数量和质量是相关的，多了就不值钱。实现这个平衡的方法，也是标准化和分类指导。

四是智能化无人化。人工智能等智慧技术的普及，将彻底改变旅游景区的管理和服务方式。无人服务的智能化景区必将出现。

五是公共化开放化。休闲时代的到来，多数公共资源将回归公共本质，低门票、零门票是趋势。很多现在是景区的资源区域将开放。景区的概念也会改变。

总体上看，很多现在是封闭收费的景区，未来会成为开放的公园；很多现在的管理瓶颈例如人才、资金，未来将手到擒来；很多现在相互掣肘的体制，未来将不复存在；很多现在看是问题的问题，未来将不是问题；

很多现在看不是问题的问题，未来将成为问题。

总之，现状不是未来。未来的景区，即将到来。

3.4 问题与方法

3.4.1 范畴界定

“旅游+”“+旅游”以及景区化，必然带来景区范围的扩大。这就需要对景区进行界定。目前，已经颁布的旅游标准中，除了旅游景区标准之外，相关的还有旅游度假区、生态旅游示范区、民族民俗文化旅游示范区标准。其中旅游度假区、生态旅游示范区已经开展了创建评估工作，形成了一批，由于门槛较高，实施力度不大，所以数量不多，市场反响不高。民族民俗文化旅游示范区从标准发布至今已10年了，根本就没有启动评估工作。还有一些部门合作的“旅游+”项目，如体育旅游基地、康养旅游基地以及近年来国家旅游局评选的中国国际特色旅游目的地等，这些都是目的地概念。总体看，旅游景区由于标准启动时间长，实施力度大，内容比较宽泛，名称符合习惯，而且分等定级，受到各级政府、企业和消费者的追捧。

从管理角度看，一方面，需要增加标准的数量和类型，也就是增加概念的供给，提供更多的帽子，让“旅游+”“+旅游”以及景区化所产生的“准景区”形态有个合适的名称，避免都往景区这个篮子里装。另一方面，需要对旅游景区的概念做好界定。

从未来看，门票不再是景区的标配。休闲时代，旅游者和居民都是游客，不必再区分。但旅游服务这个功能必须是主导的功能。有些“旅游+”“+旅游”以及景区化所产生的“准景区”，其主导功能并不是旅游服务，旅游服务只是它的新增功能或者附属功能，那就不能界定为景区。例如一个学校，景观漂亮，建设得像景区一样，但其主导功能是教育，不是旅游，就不能是旅游景区。一个农业园区，其主导功能是农业生产，辅助观光农业的话，那就不能是旅游景区，而是具备旅游功能的农业园区。

从未来看，资源聚集、景观突出、封闭管理、旅游功能主导的区域，就是旅游景区。

还有一个概念就是景点。严格来说，景点就是一个景观点。点的概念，不是面，不是区。景点不要求设施配套和服务充分，只需具备必要参观游览功能即可。

3.4.2 分类指导

对旅游景区的概念界定，有利于明确工作范畴，剔除一些无须用景区标准来要求的空间区域，或者促使其采用景区标准结合自身特点另行制定相应的标准。但即使这样，旅游景区的类型还是很多的。未来管理体制的简洁化，有望使国家公园成为主流。但就其主体资源类型而言，就有很多种景区：自然型景区、社区型景区、文物型景区、人造景区等。根据调研，不同类型的景区，对管理、服务、保护等方面的要求和诉求也不同，有的要求甚至是相左的。这意味着用一个标准打天下是不合适的。

客观地说，目前的A级旅游景区标准，对于各级政府和景区业主而言，主要的价值是拿牌子。这个毋庸回避。在操作上，适宜于在这个标准下形成分类指导，让牌子更具针对性，也有利于景区因地制宜，百花齐放。

建议在《旅游景区质量等级的划分与评定》的基础上，进行分类，在分类基础上制定细则。分类细则的内容，可以根据景区类型，结合A级标准，进行适度增减。

分类实施之后，将形成自然风景区的等级划分、古城古镇古村景区的等级划分、文博景区的等级划分、主题公园的等级划分等。结果都是同样的等级划分，如4A级、5A级，但采用有差异的质量要求，科学性和针对性更强。

3.4.3 质量管理

酒店的星级标准、景区的A级标准是现在旅游行业叫得最响的两个标准。严格说，旅游部门对景区的管理是行政主导下的标准化管理、质量认证管理，对于市场而言，是行政主导下的官方品牌管理。当年制定酒店星级标准的时候，大家笼统说星级标准是国际惯例，其实全世界没有几个国家全面实施，真正比较完整地实施星级标准的只有西班牙。这个标准在国内发生这么大的影响，但并不是国际惯例，发达国家不需要这些，因为已经形成市场化的品牌导向，如喜来登等。其他发展中国家也干不起这些，因为没有政府主导。所以只有在中国可以。景区A级标准也是如此，当初制定A级标准的时候，参考世界一些国家的做法，各有各的玩法，但是都没有这么完整的一套标准。中国是一个大国，这么大力度地推广一项标准，世界其他国家无法想象。

通过标准化，用质量管理的方式弥补旅游部门在资源管理上的空缺，无疑是一个高明之举。但这种管理方式有内在的认证体制难题，与市场经济原则也存在矛盾。质量认证有个质量的限度。够得上5A级别的旅游景区数量在一定时间内是相对稳定的。但标准是一个开放的体系，达标即可申报挂牌。采取总量控制或者末位淘汰的方式，是不可行的。

旅游管理部门对旅游景区的质量管理，如何保质保量，如何可持续，是一个非常紧迫的任务。从历史工作经验上看，这种质量管理的模式来自于对标准化手段的充分应用，那么解决途径也只能再回到标准化。

3.4.3.1　综合标准化

旅游管理部门工作局面的打开和形成，得益于20世纪90年代对服务业标准化的超前理解和应用。对旅游景区进行可持续质量管理的关键，是对标准化趋势的把握和使用。首先，国家旅游管理部门应联合国家认监委，对旅游服务领域的认证认可实施试点；其次，对旅游业的标准体系按照最新趋势进行升级。这包括综合标准化以及团队标准。团队标准主要通过行业协会来制定实施。综合标准化则是管理部门的责任。

所谓综合标准化，又可称“全面标准化”或“整体标准化”。就是针对不同的标准化对象，以考虑整体最佳效果为主要目标，把所涉及的全部因素综合起来进行系统处理的标准化管理方法。《综合标准化工作指南》（GB/T 12366—2009）中对综合标准化下了定义，“为了达到确定目标，运用系统分析方法，建立标准综合体，并贯彻实施的标准化活动”。综合标准化是系统工程和标准化相结合的产物。它以标准化具体对象系统为研究对象，准确地把握各种相关要素之间的关系，以保证整个系统的功能效果最佳。

开展综合标准化工作，首先要求针对不同的标准化对象，制定一整套相互协调的标准技术文件，我们把这一整套经过系统处理、能够保证对象整体最佳效果的标准和标准技术文件称为标准综合体。它是综合标准化的物质基础。《综合标准化工作指南》中对“标准综合体”定义为：“综合标准化对象及其相关要素按其内在联系或功能要求以整体效益最佳为目标形成的相关指标协调优化、相互配合的成套标准。”1989 年 8 月宣布的我国历时两年多时间制定的彩电综合标准体就是由 344 项成套标准构成的。

标准综合体按其性质可分为两大类：

一类是产品标准综合体，它以产品标准作为主要标准化对象，把原料、材料、零部件、半成品及设计文件、工艺文件等相关要素标准协调起来，组成一个产品综合标准化体系。工业产品可以建立标准综合体，农业产品也可以建立标准综合体。例如，我国建立的长绒棉综合标准体由 20 个标准所构成，烤烟综合标准体由 17 项标准所构成。

另一类是一般技术性标准综合体，主要是技术文件标准综合体。它概括的范围有基础标准、跨专业部门的综合性课题以及对国民经济有重要意义的专门课题等。它是为了保证跨部门的高度民主协调统一，针对国民经济的具体情况和部门生产的共性而编制的整套标准。

上述两类标准综合体中，一般技术规定的标准综合体具有更重要的意义，它是进行跨专业部门协调工作的基础，是开展产品综合标准化的保证条件和依据。这两类标准综合体有机地结合起来，就形成完整而统一的综合标准化体系。

综上，旅游景区是最适宜综合标准化的对象。也就是说，围绕旅游景区应构建一个标准综合体，即一个标准簇，是个系统工程，需要用开放的思维对旅游标准体系进行重构，对旅游景区标准体系进行扩容。旅游资源、管理、服务、诚信、特色化、智能化、生态化……由此也形成一个“牌子综合体”“帽子大超市”。这样实施起来，既能对旅游景区的发展切实起到指导和促进作用，同时，也解决了旅游管理部门的“牌子”供给不足问题，确保“帽子”数量和质量可持续，长治久安。

3.4.3.2 强制性标准

旅游业目前都是推荐性标准，没有强制性标准。事实上，无论是从游客安全、环境安全角度出发，还是从旅游管理职能出发，旅游业都需要强制性标准。最适宜出现强制性标准的领域，是旅游交通和旅游景区。旅游景区应该有至少一个强制性标准。

《中华人民共和国标准化法》(以下简称《标准化法》)第十条：对保障人身健康和生命财产安全、国家安全、生态环境安全以及满足经济社会管理基本需要的技术要求，应当制定强制性国家标准。国务院有关行政主管部门依据职责负责强制性国家标准的项目提出、组织起草、征求意见和技术审查。国务院标准化行政主管部门负责强制性国家标准的立项、编号和对外通报。国务院标准化行政主管部门应当对拟制定的强制性国家标准是否符合前款规定进行立项审查，对符合前款规定的予以立项。省、自治区、直辖市人民政府标准化行政主管部门可以向国务院标准化行政主管部门提出强制性国家标准的立项建议，由国务院标准化行政主管部门会同国务院有关行政主管部门决定。社会团体、企业事业组织以及公民可以向国务院标准化行政主管部门提出强制性国家标准的立项建议，国务院标准化行政主管部门认为需要立项的，会同国务院有关行政主管部门决定。强制性国家标准由国务院批准发布或者授权批准发布。法律、行政法规和国务院决定对强制性标准的制定另有规定的，从其规定。

强制性标准将是旅游行业管理的最大突破。在哪个环节实施这个突破，旅游景区应该努力争取。《标准化法》规定，社会团体、企业事业组织以及公民均可以向国务院标准化行政主管部门提出强制性国家标准的立项建议，因此，协会可以在这方面有所作为。

3.4.4 行业协会

存在的问题，未来的趋势，都是行业协会的空间。

一是旅游景区的界定和分类。一方面决定了行业协会的成员来自哪里，另一方面决定了行业协会对成员如何进行管理和提供服务。进行界定，不是为了把谁排挤在门外，而是通过界定进行分类，通过分类，明确与其他行业协会的边界；通过分类，梳理形成行业内部的二级架构，有针对性地采取管理和服务措施。

二是密切跟踪体制改革动向。应努力与国家公园体制的推行同步，动态调整优化协会的相关制度。大部分国家公园尚未进入A级旅游景区的序列。旅游景区协会不等同于A级旅游景区协会。需要有针对性地制订方案，包括分类和二级架构为国家公园预留。或者超前操作，成立国家公园旅游专业委员会。

三是深度参与和实施标准化。一方面是旅游景区的综合标准化以及团体标准，另一方面是旅游景区的强制性标准突破。新的标准化法将团体标准纳入，团体标准是未来协会工作的重要抓手。强制性标准的突破，价值无限，功德无量。一定意义上，在标准化方面能看多远、干多少，决定了协会能站多高、走多远。

四是成为新技术的推广者和新模式的引领者。大数据、云计算、物联网、人工智能加快普及，社会加速进入新时代，休闲化不可逆转。大部分旅游资源是不会改变的，但大部分游客是随时在变的。旅游景区能否成为最活跃的旅游改革要素，取决于行业协会对新趋势新模式的预判力，对新技术应用的组织力。

五是机关的归机关，协会的归协会。协会的核心吸引力是服务，核心竞争力是引领。协会不要成为政府机关的补充，凑合做一些政府机关不愿做的事。协会要做的事一定得是政府机关做不到的事。

第二部分 景区品牌篇

1 迎时代机遇，寻文化脉根——探索中国景区品牌发展之路①

中国特色社会主义进入新时代，旅游越来越成为人民群众对新时代美好生活向往的重要内容，越来越成为促进人类全面发展和全体人民共同富裕的重要渠道，越来越成为美丽经济、健康产业、幸福产业之首。

随着我国旅游业发生的一系列改变，旅游景区从过去低层次的资源竞争阶段逐渐发展到高层次的品牌竞争阶段，景区的品牌塑造与维护成为旅游经济发展的核心与关键。在当前全力推进全域旅游的背景下，品牌已经成为旅游景区的生命之线、生存之基、发展之本，引领新时代大众旅游发展的新方向。

1.1 景区品牌建设成果丰硕

1.1.1 品牌打造与文化深度融合

党的十八大以来，以习近平总书记为核心的党中央高度重视中华优秀传统文化的传承弘扬，提出了建设社会主义文化强国的宏伟目标。在此指引下，文化和旅游部正式挂牌，预示着我国将开启文化和旅游新时代。文化和旅游从来就是相生相伴、相互交融的。在品牌的打造过程中，越来越多的景区注重通过对中华优秀传统文化的创造性转化、创新性发展，深入探索挖掘文化多元融合、业态创新、“活化”传承的契合点，把跨越时空、富有永恒魅力、具有当代价值的文化精神转换成为人们喜闻乐见、雅俗共赏的文化旅游品牌，让旅游产品长出经济之叶、开出旅游之花、结出文化

① 本章作者为吴国平，无锡灵山文化旅游集团董事长。

之果。

譬如，无锡灵山胜境，从一棵古树、一段残垣、一口枯井起步，坚守“传承文化，创造经典”的理念，生出一片茂林修竹的清凉胜境，构建了当下人们鉴赏中华文化的心灵家园。曲阜“三孔”景区，在继承和发扬中华优秀传统文化的基础上不断进行文化产品的创新创造，深入挖掘梳理历史文化资源，在新时代充分展现儒家文化的独特魅力。常州春秋淹城景区，通过融合现代科技全方位演绎春秋时代灿烂的历史文化，再现人文情景，春秋文化品牌熠熠生辉。

1.1.2 休闲度假品牌迅速崛起

旅游业已经从观光旅游向休闲旅游转变，从物质满足向精神追求转变。当下的中国，出现了“逆城镇化”现象，都市白领纷纷“逃离”城市、“游进”郊野，寻找“非日常空间”，各类休闲度假品牌应运而生。位于无锡马山的灵山小镇·拈花湾，通过对中国传统“禅文化”的创新性解读和运用，把老祖宗博大精深的生活智慧与休闲度假相融合，通过各种各样的体验活动以及不同的旅游业态，创造出一种与当今时代相呼应的简单、健康、快乐的生活方式，让游客在被吸引、被感染、被引导的旅游生态中，体会到精神驿站给自己的活力。拈花湾开业初期，年接待游客人数达150万人次，且逐年增长，各类考察团络绎不绝，迅速成长为网红小镇，被业界誉为中国文旅小镇的第一品牌。

1.1.3 品牌走出去战略不断升级

从品牌的打造到品牌的输出，是众多旅游景区实现低投入低风险、高收入全国化经营的重要手段。旅游景区在大环境稳健成长的良好态势下，纷纷探索投资投“智”走出去模式，彰显了品牌外延扩展的活力。灵山集团凭借品牌优势，正围绕“创意文化旅游产业集成服务商”的定位，以不同的商业合作模式，以品牌优选各地的优质资源，以创意放大项目的投资价值，着力打造涵盖创意、规划、设计、建设、运营维护的全产业链“投智经济”，已累计为山东、江西、陕西、四川、江苏、河南等旅游大省的诸多城市提供了创意策划、设计建设等服务，旗下尼山圣境、兴汉胜境两大项目即将建成开园并由灵山运营管理，南京金陵小镇等项目也将开工建设。

1.2　当下旅游景区品牌发展特征及趋势

1.2.1　从单打独斗到品牌联动的转变

在市场化竞争中，旅游景区品牌在一定意义上成为一个地区、一个城市的公共品牌，越来越紧密地与当地社会经济发展融为一体。景区经营者通过品牌联合、整合景点资源，可以在降低开发成本的同时，开拓旅游市场，形成区域旅游品牌，助推全域旅游模式的落地。景区品牌联合推广之势已初步形成，规模是品牌力，规模更是竞争力。

1.2.2　从单一产业向多元化运营的转变

旅游景区快速发展的同时，旅游产业格局也发生了深层次的变化，旅游业多元化发展的特征日趋明显。旅游产业经营多元化可以规避旅游投资规模大、回收周期长以及季节特征显著等风险；同时，在全域旅游的背景下，一个成熟的旅游目的地除了核心吸引力的旅游产品外，多元化运营模式更有利于景区的做大做强。

1.2.3　从资源营销向文化营销的转变

旅游景区的不断开发使得现有自然景观资源到达一个瓶颈期，转而更加注重文化衍生品的开发，更加重视文化类无形资产的营销宣传。资源是有限的，而文化是可再生、可创造的，旅游发展经历最初旅游资源的竞争，逐渐演变为旅游产品的竞争，而旅游景区也从最初的景观价值提升步入品牌竞争时代，构建和打造独具特色的旅游文化品牌离不开对文化的深入探究和营销宣传。

1.3　未来提升景区品牌的方向

1.3.1　规划人本化

以人民为中心，发展旅游最根本的力量来自人民群众。景区规划时，要把是否能带动当地产业创新结构升级，是否能让当地老百姓满意、切实分享到旅游发展带来的红利，作为第一要素，放在第一位置，只有这样才能得到人民群众的支持和拥护。灵山胜境及拈花湾两大景区，使昔日籍籍无名、人烟罕至的马山，一跃成为声名远扬、游人如织的一流国际旅游休闲度假岛，直接带来了3000个就业岗位，带动激活了无锡周边地区的农家乐、住宿、餐饮业态，极大地提升了马山旅游的人气、财气。当地老百姓纷纷翻建或重建自家房屋，改成民宿客栈，涌现了诸多乡村住宿业态集群，实现了脱贫致富，乡村振兴在马山地区如火如荼地进行，实现了造一片美景、富一方百姓的美好愿景。

1.3.2 策划人文化

“观乎人文，化为天下。”传统文化是连接中华民族昨天、今天和明天的血脉。景区需努力搭建旅游与人文共生共享的平台，不断提升旅游的文化含量、文化品位、文化个性，将文化内涵与灵魂贯穿于设计、管理、运营等核心环节中。景区开发要坚持以“文化”为魂，积极探索“用传统文化做当代价值”的现实途径，引领大众审美和生活方式。譬如，普陀山充满海天佛国神秘色彩；台儿庄充分挖掘大运河特有的历史文化价值和人文价值；易水湖度假区、织金洞世界地质公园分别塑造易水文化品牌、溶洞文化品牌，拈花湾以禅文化为主题，这些都是极具特色的文旅IP，本身自带流量。

1.3.3 建设品质化

近几年随着旅游市场的蓬勃发展，低水平重复建设、设计布局不合理等问题经常出现。景区品牌建设的提升要以较高的审美水平和勤真细实的工匠精神打造每一个旅游产品，使景区朝着旅游精品方向健康发展。拈花湾在建设的过程中，注重精致精细精美、注重品质追求，死磕产品、死磕细节，拈花湾团队被认为是“品质偏执狂”，专注于品质到无以复加、如痴如狂的地步，才做出了令人拍案叫绝、让人尖叫的产品，才呈现了竹篱笆、茅草屋、苔藓等具有拈花湾特质的会呼吸的建筑元素。

1.3.4 产品差异化

在同质化非常强的当下中国旅游市场，如何把异质化做出来，既是最大的机遇，也是最大的挑战。做产品，最怕同质化，而差异化竞争往往可以构建竞争壁垒。以拈花湾为例，该项目从最开始策划的时候，就聚焦于“做与众不同的产品”，不求“第一”，但要尽最大可能做到“唯一”。可以概括为“既是精品、又是特品”。精品之为精，不在于奢华，而在于个性、细节和舒适。特色之为特，不在于高端，而在于文化，形成主题。拈花湾的30多家客栈，每一家都是非标产品，每一家都是建筑精品、文化精品，每一家都可以和星级饭店媲美；拈花湾的禅行，以山水禅境和唐风宋韵的景观建筑为载体，辅之以现代数字多媒体技术与舞台表演艺术，流光梦幻、天籁缭绕，游客在行进之中，既是鉴赏者，又是体验者，还是参与者。再比如，上海欢乐谷打造中国首个连锁主题公园品牌；圣亚海洋世界为世人开辟了一条通向海底之路；巴拉格宗景区让人们感受人与自然的和谐共生；萤火虫水洞以地下萤火虫神秘世界打造科普研学旅行品牌。

1.3.5 活动体验化

旅游是一种异地性、差异性和享受性的生活方式。旅游就是要创造体验，创造体验就能创造消费。景区要研发充满创新创意的沉浸式体验项目，既丰富了景区内涵、突出了文化特色，更抓住了游客的心理、创造了营销卖点。深度互动参与的体验式产品必然形成“爆点”，甚至可以成为景区产品的新标地。拈花湾围绕禅文化，立足简单、快乐、健康的生活方式，推出了抄经、经行、五道十馆等体验内容，甚至把拈花湾很多黄金地段拿出来做了体验馆，取得了很好的效果，成为禅意小镇的一个核心竞争力。拈花湾的最终目标是要把生活方式和休闲度假结合起来，让游客到这里来了以后真正体会到放松、自在、欢喜、赞叹。

1.3.6 服务特色化

服务是一个景区持续发展和品牌竞争力的核心。要为游客提供贴心、独特的优质化服务，这个服务强调的是要给游客带来“惊喜”，细节之处出彩的服务。因此，优质服务要真正做到由心而发、尽心尽力，让旅游者有一个快乐的、舒心的、体贴的旅行体验。对于旅游景区来说，要构建

“尽善尽美服务体系”，让每一个员工充分“赋能”，在各自的岗位场景上进入角色状态，成长为“演员”，保持微笑、充满热情、殷勤好客，为游客营造家的温度，创造美妙的时光、美满的体验、美好的旅程。

总之，品牌是第一生产力。新时期，旅游景区只有树立“生于忧患、死于安乐”的危机意识，以敬畏市场、敬畏游客的心态，像保护生命一样，维护品牌价值，才能行稳致远，抒写景区品牌转型升级、高质量发展的崭新篇章，才能不断满足人民日益增长的美好生活需要。

2　景区品牌案例

2.1　“大白鲸世界”：大连圣亚海洋世界

2.1.1　景区概述

大连圣亚海洋世界景区为大连标志性旅游景区，位于星海广场西、有百年历史的星海公园内，与东北最大的游艇码头为邻，旁有星海公园浴场、星海湾浴场，地理位置优越。景区由圣亚海洋世界、圣亚极地世界、圣亚珊瑚世界、圣亚深海传奇、圣亚恐龙传奇五大场馆构成，营业面积超过5万平方米，是集海洋极地环境模拟、海洋动物展示及表演、购物、娱乐、休闲于一身的综合性旅游项目，是首批国家4A级旅游景区、国家文化产业示范基地。

2.1.2　海洋主题乐园品牌打造优势

自1995年建成之初，大连圣亚以颠覆游客的观赏方式，建成中国首座、亚洲最长的118米海底通道，享誉全国；作为毋庸置疑的行业标杆，国内强势的单一水族馆产品，形成了圣亚现象，引发了中国建设海洋馆、水族馆的热潮；作为国家级的海洋极地主题文化旅游景区，大连圣亚海洋世界逐年不断进行产品升级，一直以独有的文化内涵以及动物表演的创意性、艺术性享誉市场；作为大连标志性旅游景区，大连圣亚海洋世界客源覆盖全国，受到了亲子家庭以及青年游客的喜爱。

2.1.2.1　第五代海洋公园 / 开放式

大连圣亚成立于1994年，2002年在上交所上市，是国内第一座海底通道式水族馆建设者、第三代海洋馆的开创者、国内首座情景式海洋主题乐园的缔造者、中国首家以人造景观为主营业务的上市公司、东北首家旅游业上市企业、国家级文化产业示范基地。

2.1.2.2　丰富的海洋主题产品业态

作为国家级的海洋极地主题文化旅游景区，大连圣亚一直以独有的文化内涵以及动物表演的创意性、艺术性享誉市场。目前，已形成以海洋文化为核心，依托“3+2+1”海洋文化产品形态，即三大表演：《海豚湾之恋》（中国首台海洋动物水秀）、《功夫海象》（中国唯一能模仿迈克尔·杰克逊的功夫海象）、《白鲸传奇》（世界首创人鲸水下共舞），两大王牌：中国第一座海底通道、国家级南极企鹅种源繁育基地——南极企鹅岛，一大天幕影院：中国唯一超 IMAX 拱形天幕影院。另外国内“首个以海洋动物为主题的文创商业综合体鲸 MALL”建成营业，推动泛星海湾区域以大连圣亚海洋世界景区为核心的大连标志性旅游目的地升级。

2.1.2.3　（海洋）主题公园是亲子游市场主要产品选择

大连圣亚海洋世界作为以海洋为内容的主题公园，无疑对亲子市场的吸引力最佳。主题公园产品占据亲子游在线旅游产品 57% 的份额。亲子游产品类型偏好明显，主要偏好为国内游，出游人数占比 75%，综合考虑到带孩子进行旅游的时间以及安全因素，未来 3 年亲子游规模将迎来行业爆发：2016 年，我国在线亲子游产品实现 207.9 亿元，增速超过 80%，预计 2018 年年末，我国亲子游用户将达到 2.86 亿个，市场规模达到 500 亿元，未来 3 年亲子游市场将呈现稳步增长趋势。

2.1.3　品牌建设举措

2.1.3.1　构建差异化的品牌形象

2013 年大连圣亚开始深挖品牌建设，树立起“你从未见过的海洋，就在圣亚”的广告语，建立起差异化的品牌形象。大连圣亚海洋世界五大场馆各具特色，中国首座情景式海洋主题乐园——圣亚海洋世界、国内第一座欢乐无限冰雪王国——圣亚极地世界、绚丽的海底花园——圣亚珊瑚世界、最新的超 IMAX 深海体验馆——深海传奇、4D 恐龙化石 & 体验馆——恐龙传奇，形成了浪漫、梦幻、惊险、文艺四大主题体验。

2.1.3.2　开展数字化营销，增强互动体验

作为大连著名景区，大连圣亚海洋世界紧跟营销浪潮，全面展开数字

化营销，串联海洋主题特色文化活动，增强项目的互动体验性；进行产品升级，开创国内“首个以海洋动物为主题的文创商业综合体鲸 MALL”，推动泛星海湾区域以大连圣亚海洋世界景区为核心的大连标志性旅游目的地升级。24 年的发展过程中，大连圣亚在品牌建设及推广上坚持创新，相继斩获国内最具权威性的多项广告营销大奖，2014 年以来，大连圣亚顺应互联网发展趋势，开展互动营销，与在线运营相结合，将线上数字推广与线下互动体验相结合，增强主题公园的体验感。

2.1.3.3　打造“大白鲸世界”品牌

大连圣亚海洋世界通过不断更新的文化内涵、娱乐价值高度融合的演艺产品、全面拥抱互联网的数字营销策略，持续打造以“海洋文化”为核心的地标式旅游及娱乐休闲目的地产品，在同业竞争白热化的态势下，近 3 年实现了项目营收持续稳步增长。2012 年，大连圣亚战略升级，联合发起“大白鲸计划”，“大白鲸计划”以“大白鲸世界”为统一品牌，以海洋文化原创内容为主题，综合运用图书、动漫、影视、演艺、游戏、主题乐园等形式，通过无形资源共享、协同推进的全产业链发展模式，实现链上企业共赢、整体竞争力倍增的跨地区、跨行业的大型文旅产业项目。

2.1.3.4　坚持品牌 IP 为灵魂

以上游产业链 IP 为灵魂，深耕“海洋文化”，打响四季“鲸彩 / 喜 / 趣 / 典”营销战，建立全年常态化营销态势。并以场馆的动物、表演、场景作为产业链塑造的 IP 点进行内容传播，将本部项目打造成“浪漫大连第一旅游目的地”地标性景区。2017 年获得央视、新华社、中新社、央广网等中央级媒体宣传近 40 次，获得省级、地方电视电台、门户网站报道 3000 多次。

在 24 年的发展历程中，大连圣亚海洋世界坚持创新与发展同步，将秉承“大白鲸计划”的战略思想，坚持为游客提供“不一样的海洋”体验感受，注重用户体验，提升服务，打造行业新的发展标杆，开创国内第五代海洋公园全新的开展模式和游客体验形式。

2.2 “香格里拉”品牌：巴拉格宗景区

2.2.1 景区概述

巴拉格宗景区是“三江并流”世界自然遗产红山片区的重要景区之一，巴拉格宗景区位于香格里拉旅游区的中心区域，距市区50千米。景区以高、深、险惊人，以奇、雄、特闻名，以神、妙、秀引人向往，景点囊括了雄奇的香格里拉大峡谷景观、壮丽的巴拉格宗雪山风光、传承千年的圣洁原乡巴拉村、神圣的千年凤凰菩提树、上天赐予天然而成的香巴拉佛塔以及原始森林、高原湖泊、高原牧场、冰川、峡谷等，同时不乏浓郁的藏民族风情。

2.2.2 “香格里拉”品牌打造优势

香格里拉大峡谷·巴拉格宗国家4A级旅游景区位于滇、川、藏三省区交界处，大香格里拉环线的核心区，集迁徙历史文化、地域特色文化和民族民俗文化于一身，打造藏区旅游文化品牌 。

2.2.2.1 景观丰富性

巴拉格宗景区，高海拔雪山与低海拔峡谷相交互，拥有雪山、牧场、湖泊、峡谷等垂直一体化的丰富自然景观，能够为游客提供2.5天的游览体验内容。

2.2.2.2 人文宗教蕴含

巴拉格宗景区里有千年古村落巴拉村，藏式的原生态生活都在此展现。灵光突现的天然佛塔，亦是佛祖赐予巴拉格宗的祝福。丰富的人文和宗教蕴涵，能够给游客带来别致的文化体验。

2.2.2.3 休闲疗养胜地

作为藏区为数不多的低海拔景区，巴拉格宗为忍受着高原反应的游客提供可以疗养休闲的“避难所”。

巴拉格宗景区地理位置优越，处于香格里拉市与德钦县、四川稻城亚丁黄金旅游环线的核心位置，是云南通往西藏的咽喉，是滇、川、藏文化三角区的重要组成部分、茶马古道的重要驿站，是连接香格里拉各大景区

（普达措、梅里雪山、虎跳峡、维西滇金丝猴、稻城亚丁等）的中心枢纽，在香格里拉旅游中具有气候、海拔和景区景点资源等得天独厚的优势。景区独特的地理环境和藏传佛教神山圣地的藏族民俗风情文化为景区注入了血肉灵魂，是中外游客公认的希尔顿笔下的香格里拉大峡谷。

2.2.3 “香格里拉”品牌建设举措

品牌定位：通过完成景区提升改造，增加景点和业态，增加酒店接待能力，提升景区运营能力和市场营销水平，使景区实现拥有雪山、牧场、湖泊、峡谷、徒步探险等垂直一体化的丰富自然景观，和转山转水转佛塔的朝圣文化相结合，最终打造形成富集藏区自然景观、蕴含人文宗教内涵的休闲、摄影、度假国家4A级旅游景区。

2.2.3.1 推广途径和数字化应用

利用旅行社推介、摄影大赛、景区音乐短片等专项活动进行宣传，同时利用同程、携程、去哪儿网络平台进行网络营销，未来将利用“一部手机游云南”数字化应用平台进行立体全方位推广。

2.2.3.2 景区品牌推广

融入藏文化内涵，实现旅游与文化的相融合。通过举办藏区音乐节、景区宣传音乐短片和摄影大赛，藏文化服饰民俗展演，使景区品牌更有生命力和文化元素。

2.2.3.3 旅游精准扶贫

通过业态的丰富、道路水电等基础设施的完善，改善周边村民生活和居住条件，同时也增加景区文化传习、展示的就业岗位，支持藏区社会经济发展，实现创新扶贫、精准扶贫。

2.2.3.4 融资改造提升

通过以巴拉格宗景区资产证券化8.4亿元债券融资投入到景区提升改造，从而逐步改变景区设施落后、接待能力弱等状态，在原有峡谷风光、藏区古村落、雪山等以自然风光为基础的业态上，新修景区盘山路和观光栈道，新开辟峡谷漂流项目、电瓶车观光项目，延伸景区可游范围，增加体验试旅游项目，新建准五星级酒店、水庄快捷酒店、达拥、巴拉村土司庄园等酒店群，提升景区接待能力和品质。2017 年在云南旅游市场整治游客数量下滑的情况下，景区全年提供就业岗位 250 个，接待游客较上年同比增加 1.16 万人次。

2.2.3.5　投资景区建设

投资景区 38 千米的旅游环保公路路面的建设；投资景区门禁系统接待设施；投资通往乃当高原牧场的钢架栈道；投资各景点的旅游环保公路；投资 214 线至巴拉村 10 千伏输变电线路；投资用于崖咱至巴拉村公路线性调整、环保优化及柏油铺设；投资马驿道等旅游基础设施建设。目前景区已基本具备接待大宗游客的能力。

2018 年景区将加大力度，积极探索，开拓进取，努力把巴拉格宗景区打造成“国际高端旅游特色的目的地”，使巴拉格宗景区成为中外游人公认的能支撑“香格里拉”这个世界旅游品牌的唯一景区。巴拉格宗景区绝美而绝尘，是上帝遗落人间的珍珠，是自然画卷最纯粹的一笔，是香格里拉能让梦盛开的地方。

2.3　“海天佛国”：普陀山

2.3.1　景区概述

普陀山风景名胜区位于浙江省舟山市，是以观音菩萨道场和海岛风光为主要景观的历史圣地类风景区，1982 年被国务院批准为首批国家级风景名胜区，2007 年被评定为国家 5A 级旅游景区。普陀山岛全岛面积 12.5 平方千米，最高峰佛顶山海拔 286.2 米，坐落于双峰山南端的南海观音立像，是普陀山的标志。普陀山与山西五台山、安徽九华山、四川峨眉山并称为我国四大佛教名山，是我国唯一以海岛自然风光和宗教历史文化兼胜的国家级风景名胜区，素以“海天佛国、南海观音道场”闻名于世。普陀山风景名胜区是以佛教的观音文化和海岛自然风光为特色、以展示佛教文化、观光休闲、科研教育和水上活动为主的国家级风景名胜区。

2.3.2　普陀山旅游名山品牌打造优势

根据《浙江舟山群岛新区发展规划》，舟山群岛新区以普陀山风景名胜区为核心，积极构筑普陀国际旅游岛群。一方面，依托佛教文化，建设禅修旅游基地，加快形成世界级佛教旅游胜地；另一方面，在符合风景名胜区总体规划等相关规划要求的前提下，重点开发游艇、邮轮、康体等旅游新业态和新项目，打造世界一流的海洋休闲度假群岛。

2017 年普陀山景区（不含朱家尖景区）接待游客 857.86 万人次，较上年增长 14.43%；朱家尖景区接待游客 764.14 万人次，较上年增长 17.93%；普陀山风景名胜区合计接待游客人数达 1622 万人次，同比增幅 16.05%，旅游收入 90 亿元。

2.3.2.1　独特的海天佛国景观

以海岛自然景观为基础，自然与佛教文化融合为一体，构成普陀山风景区最有特色、最有价值的景观特征和优势。普陀山风景名胜区有以海天佛国为特色，展示佛教文化、观光休闲、科普教育为主的佛教名山普陀山岛；有以展示佛教文化活动为主的洛迦山，还有以自然风光为特色，开展休闲度假、海上活动的朱家尖。

2.3.2.2　完善的旅游服务系统

普陀山风景名胜区建立了较为完备的内外游览服务系统，基本能够满足游客“食、住、行、游、购、娱”等各类旅游服务需求。

2.3.2.3　客源地优势

普陀山风景名胜区地处长三角，位于我国海岸线的中部，长江、钱塘江、甬江三江入海口，背靠沪、杭、甬等大中城市和中国最具活力的华东地区及长三角城市群，人口集中，消费能力和意愿较强。

2.3.2.4　交通区位优势

舟山群岛新区是我国第四个国家级新区，同时是舟山江海联运服务中心、中国（浙江）自由贸易试验区所在地，是“一带一路”支点城市，具备重要的战略地位和显著的区位优势。景区周边有 3 个机场，分别为舟山普陀机场、宁波栎社国际机场以及杭州萧山国际机场，覆盖主要的国内外客源地。此外，舟山群岛水上客运航线丰富，拥有舟山国际邮轮港，已经开通 49 条航线，主要岛际水上客运航线具备 2 小时交通圈，初步形成公路、航空、水陆联运的多元交通网络。

2.3.3 普陀旅游品牌建设举措

推进旅游发展理论创新，强化对普陀山的品牌重塑，充实完善两大圣（胜）地理论体系，提出旅游主题形象和发展战略，切实突破原有普陀山宗教游的局限性，编制完成了《普陀山—朱家尖旅游文化前瞻性发展规划任务书》《普陀山风景名胜区普陀山景区详细规划》。强化古树名木保护、严控外来生物入侵、森林防火常抓不懈等措施，不断深化国家森林城市创建。

2.3.3.1 完善旅游咨询服务体系建设，规范提升景区标识系统

出版新版普陀山朱家尖语音手绘旅游地图，同时整合社会（兼职）导游资源，成立普陀山—朱家尖导游服务中心，促进导游服务工作社会化、规范化运作。

2.3.3.2 深入推动文旅融合，探索节庆市场化运作模式

坚持“小现场、大传播”，大力发展禅修体验等高端产业，探索节庆活动市场化运作模式，观音文化节增加梵贝音乐会、佛教论坛等活动内容。

2.3.3.3 加强客源地旅游营销宣传与互动

加强普陀山在香港、广州、深圳、贵州等地旅游形象宣传推广，与黔西南景区、香港贵豪旅行社达成合作，进一步夯实旅游营销基础。

2.3.3.4 升级景区智慧化旅游体验

推进普陀山大数据公司运营，进一步完善信息化、智慧化基础设施，整合游客、旅游服务企业、旅游延伸产业等各方资源，探索建立线上直分销系统，创新旅游产品与服务并加强线上游客落地体验，促进旅游非门票消费；景区官方微信公众号已有 14 万用户，提供咨询服务 13.1 万余次，信息推送系统为景区游客推送温馨提示信息 520 余万条。

2.3.3.5 面积的局限性导致普陀山已经没有拓展空间

游客多了以后，美誉度、舒适度会受到影响，因此普陀山必须做减法。2015 年年末，作为舟山新区核心板块的普陀山和朱家尖迎来了历史性

的转变，开始推行一体化管理，实施普陀山景区的全面提升和全景朱家尖建设，普陀山部分产业外迁至朱家尖。普陀山把“食、住、行、购、娱”功能和原住民尽可能往外迁，不再做大的开发，保证森林覆盖率，3~5 年之后，除了日常修缮，普陀山将是看不到建筑工地的清净之地，将被打造成世界级的佛教观音文化圣地。

对于一般游客来说，除了感受普陀山那浓厚的佛教氛围外，相信很多人会钟情于这里海天壮阔的自然风光。在全国众多旅游名山中，只有普陀山是一座海岛，登上其最高峰，放眼望去碧波万顷，一座座海岛浮在海面上，点点的帆船行驶其间，景色极为动人。难怪古人有此评语：“以山而兼湖之胜，则推西湖，以山而兼海之胜，当推普陀。”

2.4 文化旅游品牌：曲阜三孔景区

2.4.1 景区概述

曲阜三孔景区位于山东省曲阜市，1994 年被联合国教科文组织列为世界文化遗产。2007 年，曲阜三孔景区经国家旅游局正式批准为成为首批国家 5A 级旅游景区。曲阜三孔景区由孔府、孔庙、孔林三部分组成，以丰厚的文化积淀、悠久的历史、宏大的规模、丰富的文物珍藏，以及较高的科学艺术价值而著称。

2.4.2 文化旅游品牌打造优势

近年来，曲阜三孔景区主打孔子修学游产品，力图塑造和巩固曲阜三孔景区国际研学基地品牌形象，以文化朝圣、国学研修、历史体验为景区的主要内容，打造中国优秀传统文化观光体验基地。

2.4.2.1 历史文化旅游资源丰富

孔庙被誉为“天下第一庙”，与北京故宫、承德避暑山庄并称为中国三大古建筑群。孔府是世界上保存最完整、历史最悠久的“衙宅合一”的典型贵族庄园，被誉为“天下第一家”。孔林是孔子及其家族的专用墓地，也是世界上延续时间最长的家族墓地，被誉为“天下第一林”。

2.4.2.2　同类或周边竞争优势明显

曲阜三孔景区主打历史文化资源，无论从规模上，还是从历史文化上，都是全国鲜有的具有代表性的古代建筑。从历史文化旅游资源角度来看，曲阜三孔景区周边区域并不存在可与之竞争的精品资源。

2.4.2.3　客源分布集中在山东及一线城市

曲阜市境内铁路纵横交错，公路四通八达，京九、京沪、兖石铁路交叉穿过，曲阜东站是京沪高铁五大精品站之一，曲阜机场能直航北京、上海、广州。曲阜三孔景区的客源涉及全国各地区，但主要来自山东及周边省市，如北、上、广、江、浙、沪等地区。来曲阜三孔景区的游客包含各个年龄层次，其中以中年人、学生及家庭出游居多。

2.4.2.4　未来曲阜三孔景区将着重开发研学游相关项目

依托曲阜三孔景区及周边配套设施，结合目前国家发展研学游的政策，针对研学游市场展开调研，设计研发适合学生的研学旅游线路及研学旅游课程，并结合旅行社、学校、媒体、自媒体等多种渠道，将曲阜三孔景区的研学旅游项目做大，做强。

2.4.3　文化旅游品牌建设举措

2017 年曲阜三孔景区在营销中加大了投入力度，结合新媒体、自媒体，通过互联网将曲阜三孔景区的品牌价值传递给更多的游客。

2.4.3.1　建立国学培训中心，打造研学旅游品牌

曲阜三孔景区是国际研学基地，以文化朝圣，国学研修，历史体验为景区的主要内容，是中国优秀传统文化观光体验基地，围绕研学旅游打造了一系列的体验活动。建立了曲阜国学教育培训中心，开设了丰富多彩的国学课程，包括“背论语，游三孔”“孔府过大年”“晨钟暮鼓开城仪式”“祭孔大典”“圣府祭祀天地”“圣府后花园投壶”等，打造出了优质的研学旅游品牌。

2.4.3.2　策划景区体验项目，丰富游客参观内容

通过活动抽奖、派奖的方式，加深景区与游客之间的联系与互动。通过这些项目，扩大景区的影响力，有力宣传了中国优秀传统文化，取得了

良好的社会效益，增加了游客数量，取得了良好的经济效益。

2.4.3.3　品牌形象传播，整合多种传播方式

2017 年 12 月，曲阜三孔景区针对广东市场，联合泰山、趵突泉等景区开展促销活动。在高速公路、济南机场等重点区域都投放了景区广告。在互联网推广上，与腾讯智汇推、今日头条、百度等多家互联网流量巨头开展了广告推广合作。

2.4.3.4　景区智慧化迈进，品牌效应大幅提升

截至 2017 年，曲阜三孔景区完成了景区监控全覆盖、景区智能导览系统、景区人流量监测系统、景区 Wi-Fi 覆盖等。同时，升级了票务系统，对未来的大数据中心建设，在硬件和软件上都夯实了基础。未来 3 年，曲阜三孔景区在智慧景区建设上将投入更多的人力、物力，建设景区的大数据中心，完善现有的智慧景区项目，实现景区的可视化管理和智能化运营，结合社会公共服务和现代企业管理理念，注重游客体验、提升企业经营能力，实现旅游业的可持续发展。

2.4.3.5　增添景区体验项目，"活化景区"用户参与度

以"活化景区"为主要目的，策划实施一系列的景区体验项目，如孔府景区内投壶项目，孔庙景区内"晒幸福祈福"项目等，通过增加游客参与项目去弥补景区体验感不够的短板，注重游客体验、提升企业经营能力，实现旅游业的可持续发展。

总体来说，曲阜是东方圣城，是儒学发源地，儒学是中国传统文化的主流。而曲阜三孔景区作为 2000 多年儒学发展的见证，必须着重打造曲阜文化旅游品牌，以中华优秀传统文化核心，结合周边旅游资源，打造中华传统文化旅游目的地，为传承和弘扬中华优秀传统文化贡献力量。

2.5　"鲁风运河"文化品牌：台儿庄古城

2.5.1　景区概述

台儿庄古城，位于京杭大运河的中心点，坐落于山东省枣庄市台儿庄区和鲁苏豫皖四省交界地带。台儿庄古城占地 2 平方千米，在 11 个功能分

区、8 大景区和 29 个景点，集 8 种建筑风格于一身，汇 72 座庙宇于一城，是古运河畔唯一一座南北交融、中西合璧的历史文化名城。2012 年 11 月，台儿庄古城被评为国家 5A 级旅游景区。

台儿庄古城形成于汉，发展于元，繁荣于明清，是一座文化底蕴深厚的城市。台儿庄古城最大限度地保留了运河古城城市和文化繁盛的原貌，是拥有众多非物质文化遗产的“遗产保护示范之城”“非物质文化遗产传承典范之城”。古城对柳琴戏、运河大鼓、洛房泥塑、皮影戏等非物质文化遗产进行了系统的挖掘、还原，并通过各种文化展演和主题活动，进行非物质文化遗产的展示、传承和保护。

2.5.2 “鲁风运河”文化旅游品牌打造优势

景区注重文化保护与品牌建设协调发展，深挖当地民俗文化资源，积极探索文化保护与传承新思路，通过与院校、媒体、电台及企业等加强战略合作，进一步拓展和提升台儿庄古城品牌建设，全力打造台儿庄古城传统文化旅游品牌。

2.5.2.1 中华古水城，英雄台儿庄

台儿庄古城自明万历三十二年（1604）至今，一直都是内河航运咽喉，城市因运河而兴，至今还保留着原汁原味的古街、古巷、古码头及古运河道，是目前大运河沿岸仅存的留有明清遗迹的一座古城。1938 年发生在这里的台儿庄大战，歼灭日军 1 万余人，成为抗日战争的重要转折点，也是反法西斯战争的转折点，被誉为“中华民族扬威不屈之地”，具有浓郁的历史文化底蕴。

2.5.2.2 台儿庄古城拥有优越的地理位置

京杭大运河流经微山湖和台儿庄，将南北文化有效地结合在一起。台儿庄古城地处京沪高铁沿线，鲁苏豫皖四省交界地带，旅游客源市场潜力巨大。

2.5.2.3 区域传统文化融合、聚集

也正因为地理位置的优越性，使得台儿庄古城聚集了不同建筑流派，线性文化遗产特色鲜明。台儿庄古城从古至今集合了各种文化，如鲁南文化、江南文化、运河文化等，显然台儿庄古城承载了中华民族的特色文化，融合与复合的特征鲜明。

2.5.3 “鲁风运河”文化旅游品牌建设举措

台儿庄古城作为全市“鲁风运河”文化旅游品牌的龙头企业，不断学习借鉴，进行了系统的品牌架构研究，截至目前，形成了“一个母品牌+五个子品牌”的架构体系，打响了古城“建筑品牌、文化品牌、业态品牌、服务品牌、节庆品牌”，广泛提升了台儿庄古城的知名度、赞誉度、关注度和认可度。

2.5.3.1 全媒体渠道，联合推介，捆绑营销

景区加大“全时化”“全域化”“全球化”宣传工作，截至目前，在报纸、网络、电视、电台等各级媒体发布相关新闻稿件3000余篇；在春节、端午节、国庆和中秋节等重要节假日，采取了“联合推介，捆绑营销”的宣传模式，整合优势资源，利用央视、新华网、山东电视台等主流媒体加大宣传力度和广度。其中，在央视等国家级媒体发布稿件20余篇，在山东电视台等省级电视发布稿件近40篇。

2.5.3.2 重视并积极与高知名度品牌线上媒体合作

积极与媒体进行业务对接，2017年除夕当天，台儿庄古城荣登央视新闻联播头条，当天11点16分、12点42分、14点、16点，央视新闻频道和中文国际频道在黄金时段大篇幅报道“好客山东贺年会，台儿庄古城大庙会”的热闹场景；2017年4月4日央视“朝闻天下”对台儿庄古城“忆先烈·诵家书”“三万鲜花献英烈”活动进行了专题报道。2017年8月15日和9月3日，抗战重要纪念日，央视一套“新闻联播”连续两次对台儿庄古城的抗战纪念活动给予关注报道；2017年9月18日，央视四套“中国新闻”、央视13套“新闻直播间”均对台儿庄古城“诵抗战家书 树家国情怀”大型学生纪念抗战活动给予重点报道。2017年10月1日，央视二套《厉害了我的国》直播古城欢度国庆盛况。

2.5.3.3 承办区域节事活动，扩大品牌影响力

2017年以来，台儿庄古城成功举办了贺年会暨春节大庙会、清明诵

读家书、五一功夫节、首届中华端午文化节、仲夏电音泼水节、中外搏击赛、山东省旅游规划和重点景区管理培训会等活动，承办了亚太经济领袖高峰论坛、世界摄影大赛、山东省第三届武术大会等一系列影响重大的活动，品牌影响力不断扩大。2017 年台儿庄古城共接待游客 581.86 万人次，台儿庄古城旅游集团公司实现营收 3.47 亿元，同比分别增长 15.68%、37.62%。

台儿庄古城作为世界文化遗产京杭大运河岸边的城市，有着得天独厚的资源和优势，遵循“运河文化遗产保护好、传承好、利用好”的指示，围绕“中华运河文明传承创新核心区、国际知名旅游目的地、世界文化遗产”三大定位，精心打造“二战名城、运河古城、中华水城、国际慢城”。加快推进古城上市步伐，实现台儿庄古城永续发展。

2.6 主题公园品牌：上海欢乐谷

2.6.1 景区概述

上海欢乐谷是中国首个连锁主题公园品牌、国家 4A 级旅游景区，是华侨城集团投资 40 亿元打造的精品力作，2009 年建成开业，截至 2017 年年底累计接待游客近 2000 万人次。上海欢乐谷是中国最具魅力的都市娱乐中心，一个“动感、时尚、激情”的繁华都市开心地。

2.6.2 主题公园品牌打造

上海欢乐谷全园占地面积 65 万平方米，拥有阳光港、欢乐时光、上海滩、香格里拉、欢乐海洋、金矿镇和飓风湾七大主题区，从美国、瑞士等国家引进 60 米无底跌落式过山车“绝顶雄风”、1200 米木质过山车“谷木游龙”、30 米落差“激流勇进”、最受欢迎的亲子悬挂过山车“大洋历险”、6D 虚拟过山车“海洋之星”等全球高科技娱乐项目，是年轻人、家庭乃至全民的畅玩主题公园之一。

上海欢乐谷全年推出新春滑稽节、踏青季、暑期狂欢节、国际魔术节、万圣欢乐节、跨年欢乐季等丰富多彩的主题节庆活动，365 天欢乐不断。还有荟萃世界各地的精彩演艺，如大型跨媒体实景水秀《天幕水极》、影视特技实景剧《新上海滩风云》、原创魔术大剧《奇幻之门》以及欢乐海狮秀、滑稽秀、扣篮秀等零距离互动表演，天天欢乐不停歇。

2.6.3 主题公园品牌建设举措

上海欢乐谷秉承“大节造势，小节造市”的活动策划理念，不断创新求变，近年精心构建了以百相中国年、踏青季、狂欢节、国际魔术节、万圣节、跨年灯会6大主题节庆为主，闺密节、毕业季、七夕过山车婚礼、光棍节等众多应景活动为辅的节庆活动体系，形成节庆IP，有效提升品牌影响力。

近年节庆策划实施中，重点关注市场潮流，借势网红、直播、VR、AR、手游等热点，有效策动市场。着力构建“大宣传”格局，即通过创新媒体传播渠道、借势多方资源差异化宣传、侧重自媒体软性宣传等综合手段，逐步深化与消费者之间的情感联系，实现品牌宣传多维度、立体式、全覆盖。

广告投放科学合理，充分利用媒体、明星效应，宣传全面多样。持续完善自媒体宣传、服务和销售功能，持续提升电商合作力度，优化电商合作形式，提速“互联网＋旅游”，规范旅行社合作，加强渠道推介，加强大客户合作。

2013年7月上海玛雅海滩水公园隆重开业，正式形成“水陆互动”的产品格局。上海欢乐谷对欢乐时光区改造、《上海滩》改版升级，揭开娱乐升级序幕。2014年7月上海欢乐谷二期“欢乐海洋”主题区全面升级开放，使欢乐谷“由年轻人的欢乐谷”逐步向“所有人的欢乐谷”转变。2015年6月上海欢乐谷飓风湾区升级改造，初步形成“日夜两栖”运营模式。2016年7月玛雅海滩水公园二期“魔力水城”全新绽放，用差异化的产品成功应对上海迪士尼开放带来的影响。大型跨媒体实景水秀《天幕水极》全球公演，进一步完善了“五位一体”的演艺体系和强化了“日夜两栖”的产品特色。

上海欢乐谷对于提高公园游客的重游率等也做了一系列的战略投入，每年公司都会投入大批资金在园区打造新项目或是升级改造主题分区，以常看常新的理念让游客在这个欢乐世界感受到不一样的游玩体验。打造这样一个主题公园需要配套的是游客服务工作，公司每年都加强培训员工的服务意识。上海欢乐谷主题公园也是上海市市民最喜爱出行游玩的场所之一，松江区当地人也因这样一个大型游乐园而感到自豪，同时上海欢乐谷也为上海市松江区的经济与税收等做出了积极的贡献。

上海欢乐谷在经营过程中持续完善产品、强化营销、提振品牌、优化管理，整体经营情况稳步提升，在迪士尼开放等市场竞争持续升级的情况下，连续 3 年保持高位运行。

2.7 易水文化品牌：易水湖度假区

2.7.1 景区概述

易水湖度假区位于河北省易县西南 25 千米处，距北京 150 千米，距雄安新区 80 千米，水域面积约 27 平方千米，总规划占地约 108 平方千米，度假区现为国家 4A 级旅游景区，国家级水利风景区，保定十佳景区。依托绝佳的山水自然资源，已建设易水文化休闲度假小镇、养生岛康养小镇、老子峰 3100 米临水栈道、高端度假湖景酒店、易水山谷、水上运动等业态项目。

2.7.2 易水文化品牌打造优势

易水湖度假区正在打造以易水文化为主题，以山水田园观光为基本支撑，康体运动休闲为品牌特色，生态养生度假为主题导向的综合型国家级旅游度假区。努力实现让“京西易水湖，旅游新天堂”的品牌形象广为人知、深入人心的目标，品牌体系成熟，形成具有鲜明的主题色彩，成为中国乃至世界知名的特色旅游品牌。

2.7.2.1 有利的区位和便捷的交通体系

易水湖度假区距离主要客源地北京、石家庄、保定均在 1~1.5 小时车程内，拥有便捷的交通体系，易县境内有 112 国道、京赞线、易定线、易保线。同时有京昆、张石高速路网。主要客源地为河北、北京、天津、山西、内蒙古，其次为辽宁、河南、山东及其他地区。其中河北客源占比为

66%，主要客源地依次为保定、廊坊、石家庄、沧州、张家口。

2.7.2.2 自然资源差异化产品突出

易水湖景区位于京西易县境内，水质达到国家二级饮用水标准，同时依托于太行山山脉，与周边景区狼牙山、太行水镇、清西陵、白石山、野三坡相互依存，注重打造差异化产品，突出水主题。

2.7.2.3 深厚的文化底蕴

易水湖度假区所在的易县，古称易州，燕赵文化历史文化悠久，文化底蕴深厚。早在公元前21世纪，就有易阳国易氏部落定居在易水流域，世界文化遗产清西陵也在易县境内。除此之外，洪崖山（俗称后山）黄帝庙也位于易县境内，其地古属熊耳山和涿鹿之野的原点地段。同时易县也是黄帝近臣伶伦祭祀的地方。

2.7.3 易水文化品牌建设举措

易水湖度假区将在现有规模基础上，依托良好的山水景观组合和生态环境优势，以山水观光、运动休闲、生态度假为主要功能，开发集山地观光、水域观光、山地运动、水上运动、低空运动、养生疗养、生态度假、田园体验等多种产品于一身的旅游综合体，形成“一环四廊道两心三组团”的空间布局和产品组合—— 一环即由环湖公路串联的旅游大环线，四廊道即环湖自驾车景观廊道、环湖自行车骑行景观廊道、滨湖亲水景观廊道、国家登山健身步道，两心即观音山景区和易水文化体验区，三组团即文化运动休闲度假组团、生态养生“野奢”度假组团、山水观光亲水体验组团。最终创建为以易水文化为主题，以山水田园观光为基本支撑，以康体运动休闲为品牌特色，以生态养生度假为主题导向的综合型国家级旅游度假区。

2017年易水湖度假区以打造年轻化、时尚化产品为主要突破方向，重点引进的产品及宣传活动有水上无边际泳池、水上摩托艇、水上飞鲨、“野奢”山谷等项目；世界城市旅游小姐保定赛区巡演在易水湖景区拉开序幕，既是年轻时尚的体现又达到产品落地的目的，让游客可以与旅游小姐近距离接触，产生互动；“易水湖”杯国际铁人三项大赛，是政府与企业联手打造的一项国际化体育赛事，站位高端，展现个性，体现了易水湖的韧性与活力；“易起遇见摇滚乐”将易水湖的养生与摇滚乐相结合，体现在其宣传片上，用歌曲作为传播载体，增强了易水湖的年轻化及传播渠道的多元化。2018 年易水湖度假区将以“年轻化、体验感强、真诚并有信仰”为品牌主题打造系列活动，包括：你是魔术师、天灵灵水灵灵、直播老顽童、小 P 孩日记等。

为了保证易水湖度假区发展方向的正确性，邀请专业规划设计团队对易水湖景区做未来策划方案，易水湖旅游度假区将按照高端的站位、全新的业态、全面的发展进行三期的持续投入，总投资超过 50 亿元。届时直接带动度假区周边 8000 人就业，实现度假区年接待量达到 200 万人次以上，实现保定地区乃至华北地区全域旅游的新的示范点。同时，易水湖度假区的开发方式采取保护性、循序渐进的方式进行，以确保在开发范围内不破坏环境。

2.8　科普研学旅行品牌：萤火虫水洞

2.8.1　景区概述

萤火虫水洞（即地下萤光湖景区）位于山东省临沂市沂水县城南 19 千米的时密山下，为国家 4A 级旅游景区。萤火虫水洞洞约形成于 0.65 亿年至 2.3 亿年前，全长 1200 米，萤光湖面积 25000 平方米，有亚洲罕见的萤火虫奇观、形态各异的钟乳石、水量达 35 万立方米的岩溶暗湖、江北特大的生态蝴蝶谷等独有景观，是集研学旅行、休闲观光、科普教育、科考探险等多功能于一身的大型综合性生态旅游区。

2.8.2　研学游品牌打造优势

从 2017 年 3 月至 8 月，萤火虫水洞先后与山东省内外十余家研学机构建立学生研学合作，接待了省内外研学团体达 3.56 万余人次。

2.8.2.1　萤火虫水洞独特资源是研学课程最大优势

景区内拥有江北特大的生态蝴蝶谷，背湖依山自然形成，中间谷底贯穿一条溪流，自然生活着成千上万只色彩艳丽的蝴蝶，有丝带凤蝶、枯叶蝶、麝香凤蝶等世界著名种类多达50余种。同时，景区内有一处特大型地下暗湖岩溶洞穴，形成年代久远，洞体规模宏大，各种岩溶景观千姿百态。洞内不但有大量的钟乳、奇石等奇特景观，还生活着一种萤火虫，这种萤火虫仅在阴湿的岩洞中寄居生存。

2.8.2.2　拥有适合动植物生存的环境

萤火虫水洞拥有良好的自然生态环境，是一个常年能看到蝴蝶、萤火虫的地方。萤火虫作为旅游区特有的标志性景观，在整个亚洲地区也是极为罕见的。截至目前，景区客源地已辐射近30个省、直辖市、自治区及港澳台等地，入境游客已扩展到日、韩、东南亚。

2.8.2.3　“探秘萤光 破茧成蝶”研学课程应运而生

该研学旅行产品专为小学生打造，整合了景区最有特色、最具科普价值的蝴蝶、萤火虫资源。全程体验式教学，学生在研学导师的带领下，通过游览萤火虫水洞景区，了解相关的植物知识，探寻蝴蝶和萤火虫的生长过程与生活习性。

2.8.3　科普研学旅行品牌建设举措

萤火虫水洞一直致力于打造集研学旅行、科普教育、科考探险等多功能于一身的优秀旅游目的地，深入挖掘自然与人文资源，打造特色旅游品牌。

2.8.3.1　推广方面

景区加大投资宣传力度、加快战略布局建设、全面启动“线上线下”相结合的全方位旅游推广，中央电视台、《中国旅游报》、新华网、新浪网等300余家知名媒体对景区持续关注和报道，景区在国内外市场上的知名度不断提高；目前已连续举办5届“中国萤火虫国际旅游节”；举办大学生“萤火虫”微电影节、科普大巴车进景区、萤火虫研学旅行等活动，承办第十九届全国洞穴学术会议暨旅游洞穴发展研讨会。在已初具强势品牌的旅游市场跨越发展中，独树一帜，领先一步，现已成为临沂乃至山东核心旅游品牌之一。

2.8.3.2 在数字化应用方面

萤火虫水洞新媒体服务系统同步宣传，涵盖官方网站、微博、微信、网络购票等，为广大游客提供全方位的服务体系。

2.8.3.3 研学旅行方面

研学旅行是近年来出现的热词，正在成为中小学生旅行“新时尚”，它延续和发展了我国传统游学“读万卷书，行万里路”的教育理念和人文精神，现已成为学校教育和校外教育有效衔接的新形式，是教育教学的重要内容，也是综合实践育人的有效途径。萤火虫水洞景区作为好客山东十大文化旅游目的地之一、山东亲子游十大入选景区，具有独特的自然资源和生态系统；景区依据深厚的科普人文底蕴，深度整合丰富的自然、文化资源，打造了南国风情、科普讲堂、蝴蝶探秘、梦幻长廊、崖瀑地貌、萤光童话等自然科普教育项目，形成了一整套完备的“探秘萤光 破茧成蝶”研学体系。通过深入发掘教育内涵，不断拓展文教体验方式，山东萤火虫水洞景区成为面向全国青少年开展知识科普、体验考察、励志拓展、自然观赏、文化康乐的重要研学旅行阵地。

萤火虫水洞景区在加强教师队伍建设的同时，不断设计开发富有景区特色的研学旅行课程体系，建立完善研学旅行工作机制，积极打造研学旅行资源共享交流平台。同时，与学校、与学生、与家长达成多方互动，丰富旅游产品概念的内涵，逐步形成布局合理、互联互通的研学旅行网络，并于2017年年底成为首批全省中小学生研学实践教育基地。

萤火虫水洞景区将始终秉承“教育性、实践性、安全性、公益性”原则，结合学生身心特点、接受能力和实际需要，为学生全面发展提供良好成长空间，引导学生走出校园、拓展视野、丰富知识、了解社会、亲近自然、参与体验，为中小学生提供一处绝佳的研学教育实践基地。

2.9 溶洞文化品牌：织金洞世界地质公园

2.9.1 景区概述

织金洞世界地质公园位于贵州高原西部，地处贵州省织金县境内，规划总面积 170 平方千米，共涉及织金、黔西两个县的 11 个乡镇 53 个村。核心景区主要由织金洞园区、绮结河园区（含织金大峡谷）和东风湖园区（含乌江源百里画廊）三大板块组成。织金洞是国家级风景名胜区、世界地质公园、国家自然遗产、国家 4 A 级旅游景区。织金洞属典型的喀斯特地貌单元，勘察发现长度为 12.1 千米，面积 70 多万平方米，划分为迎宾厅、塔林宫、讲经堂、万寿山、水晶宫、灵霄殿、广寒宫等 13 个大厅。

2.9.2　溶洞文化品牌打造优势

织金洞主要打造“魅力织金洞·贵州高原魂”的溶洞文化品牌。1988 年，织金洞被国务院审定公布为第二批国家级风景名胜区；2006 年被建设部公布为国家自然遗产；2008 年被全国旅游景区质量等级评定委员会评为国家 4A 级旅游景区；2015 年 9 月，织金洞被联合国教科文组织正式批准加入世界地质公园行列，成为贵州首家世界地质公园。

2.9.2.1　以织金洞为至尊的溶洞王国

织金洞发现于 1980 年，发现时洞内空间开阔，别有洞天，洞内资源丰富，景观规模宏伟、琳琅满目、流光溢彩，囊括了世界上所有溶洞的堆积形态和类别，像石盾、石笋、月奶石等，具有极高的科研价值，有着“洞中之王”的美誉。织金洞可以作为地质科普旅游、地学研究基地。织金洞目前主要的游客均来自于省内，其次，川渝市场、广州、港澳台等地的游客量也相对较多，其他省份的游客及境外游客也呈逐年上升趋势。

2.9.2.2　宏大秀美的峰林峡谷、举世罕见的天坑群、绝无仅有的百泉古城

从织金洞到织金洞古城连片的峰林规模宏大，多达 107 平方千米，而且万峰耸翠，历史上就有“桂林山水甲天下，织金山水胜桂林”的说法。织金洞区域共有大小天坑 30 多个，都与织金洞的古新寨河有关。特别是在织金洞核心景区 8 平方千米范围内，就有大型、特大天坑 7 个。织金洞古城景区范围内，已发现有大小泉水 103 处，数量之多，水流量之大，在全国都是罕见的。

2.9.2.3 独具魅力的人文旅游资源

织金洞区域有着丰富而独具魅力的人文旅游资源。主要有清代寺庙文物古迹、水西文化遗址、丁宝桢文化遗址，此外还有6个少数民族的支系。由此可见，织金洞区域的喀斯特旅游资源丰富多彩，人文旅游资源也分别表现出了特定地域资源的唯一性和重要性，从而构成了可以打造喀斯特旅游文化品牌的基础。

2.9.3 溶洞文化品牌建设举措

2.9.3.1 节事活动，打造旅游节庆品牌

2005年被《中国国家地理》专家委员会评选为中国最美6大旅游洞穴之首，2015年被联合国教科文组织正式批准加入世界地质公园。2017年9月，召开了世界性的第五届亚太世界地质大会，提升了织金洞的国际地位。通过举办系列文化活动，织金将打造旅游节庆品牌，充分展现"洞天福地·大美织金"旅游品牌和织金洞世界地质公园形象，提升大美织金旅游的知名度和影响力。依托交通、区位、资源优势，深挖文化内涵，大力挖掘"名洞、名城、名人、名胜"为特色的文化旅游业。

2.9.3.2 构建完善的立体营销体系，托大品牌知名度

织金洞按照"立足省内、重点川渝、拓展全国、放眼海内外"的营销战略，投入各类宣传资金4000多万元，采取多种宣传营销方式。积极参加国家、省、市各级组织的旅游交易会和旅游推进会，深入北京、上海、四川、重庆、云南、广州、香港、台湾等地开展活动；开辟网络营销，与同程等10余家网站合作开展营销活动；深化与省内外各大精品景区合作，和世界地质公园缔造姊妹公园，利用友好的宣传平台扩大景区影响力。

2.9.3.3 智慧化数据平台，提升用户体验

数字化应用不断跟上全国步伐，大数据智慧平台、监控系统的完善，使传统的人工售票逐渐向各大网络售票的模式转变，为游客提供快捷方便的出游方式。

2.9.3.4 升级和完善硬件服务设置

"十二五"时期，织金洞主要实施了92个基础和服务设施项目，完成

投资31298.18万元。修通了三甲到八步的旅游公路，缓解了节假日的拥堵情况；对景区及景区周边的旅游商品、服务、农家乐、酒店等进行提升整改。

2.9.3.5 搭建景区投融资平台

充分利用政府的组织协调作用，搭建银企资金供需洽谈平台，采取贴息、支付全部等方法，引导和鼓励金融机构和担保公司提供融资和担保。2016年织金洞接待旅游人数达228万人次，门票收入达9160万元。2017年，由于强劲的宣传营销，织金洞旅游人数和旅游收入实现双增长、齐丰收。全年进洞参观人数达285万人次，门票收入9801.3万元，较上年同比分别增长25%和7%。

织金洞世界地质公园拥有一流的喀斯特地质奇观，再加上后期软硬件设施的建设升级，以及公园工作人员的努力，不断拓展海内外市场，织金洞世界地质公园的发展将会更好。

近年来，随着"洞天福地·大美织金"旅游文化品牌的打造，织金洞正由简单观光型景区向科普教育型园区转变，周边的织金大峡谷更为喀斯特地貌风光增添瑰丽风采，发人思古的彝族文化、清丽秀雅的织金古城又为织金洞增添了独特的文化氛围，提升织金旅游品牌影响力。

2.10 春秋文化品牌：中国春秋淹城旅游区

2.10.1 景区概述

中国春秋淹城旅游区位于江苏省常州市武进区，2017年2月被评定为国家5A级旅游景区。中国春秋淹城旅游区规划总面积7.6平方千米，分为五大区块：春秋淹城遗址、淹城春秋乐园、淹城野生动物世界、淹城传统商业街坊和淹城宝林禅寺。"明清看北京，隋唐看西安，春秋看淹城。"中国春秋淹城旅游区通过再现春秋人文情景，全方位演绎春秋时代灿烂的历史文化，积极打造中国春秋文化品牌，形成融旅游、休闲、娱乐、科普、购物、餐饮为一体的旅游综合体。

2.10.2 春秋文化品牌打造优势

中国春秋淹城旅游区自2008年成立至今，以挖掘、传承和弘扬春秋文化为己任，本着“城内保护，城外开发”的原则，开发建设了春秋文化主题乐园，以小淹城诠释大春秋。2015年，中国质量认证中心对“常州武进春秋淹城”进行品牌价值测算，品牌价值评估为20.85亿元人民币。

2.10.2.1 打造国内唯一春秋文化品牌

旅游区文化根基——春秋淹城遗址，考古证实距今已有2700余年历史，是国内保存最完整、形制最独特的春秋地面城池遗址。旅游区以淹城遗址为核心，规划建设以春秋文化为主题、以“科技+互动”为特色的文创主题景区——淹城春秋乐园，并进一步整合淹城博物馆、武进名人馆、孟河医派等资源，打造深具常武地方特色的传统商业街。经过8年的建设和经营，形成了“淹城遗址保护—春秋文化旅游开发—常武人文休闲度假综合体”的格局。

2.10.2.2 中国筑城史上的奇迹

旅游区核心部分春秋淹城遗址占地6.7万平方米，考古确认为春秋时期所筑，其保存完好的“三城三河”，是我国古代春秋时期至今保存最完整、最古老的城池遗址，它独特的建筑形式在国内乃至世界堪称筑城之最。

2.10.2.3 历史文化是春秋淹城最大的优势

相比于其他主题乐园，春秋淹城的游乐设备也许不是最好玩的，但文化的因素是最持久存在的，春秋淹城正是源源不断地从春秋文化中汲取养分，通过科技和创新让其发扬光大。通过娱乐设施，借助科技的力量，让游客感受穿越春秋的视听感。

2.10.2.4 地处长三角区位和客源优势

常州地处江南、长江三角洲中心地带，便利的交通因素，使春秋淹城具有大量潜在的客源市场。从客源分布来看，春秋淹城主要客源以常州本地以及周边地区为主，国内二、三级市场占有率不足。

2.10.3　春秋文化品牌建设举措

围绕着“小淹城，大春秋”的文化主题，进一步明确景区发展目标、塑造景区品牌形象，为扩大景区品牌影响、形成景区品牌效益而不断努力。春秋淹城旅游区已经形成了独有的春秋文化展演的特色，春秋淹城旅游区的品牌通过多途径的传播，已经在旅游和文化行业形成了鲜明的影响力。

2.10.3.1　精准品牌定位，打造“小淹城，大春秋”

中国春秋淹城旅游区品牌定位为：小淹城，大春秋。经过数年努力，春秋淹城的品牌建设成效显著。演艺、活动和推广使景区的品牌知名度和影响力迅速提升，并形成“明清看北京，隋唐看西安，春秋看淹城”的口碑。

2.10.3.2　制订和完善配套的品牌建设方案

为更好地推动品牌发展，旅游区制订了一整套园区品牌建设规划方案，并成立园区品牌创建专项工作组，同时也定制了一系列品牌培育、保护的措施。旅游区在春秋文化主题的基础上，打造了国内唯一一个以春秋文化为主题的游乐园——淹城春秋乐园，结合高科技的表现手法，将春秋文化元素融合进旅游游乐的设施设备中，开创了国内文化 + 旅游的典范。淹城春秋乐园作为旅游区骨干企业，自开园以来，依托深厚的历史沉淀与浓郁的春秋文化特色，展开品牌推广和质量建设，古老淹城逐渐为人所知，景区的美誉度和市场影响力不断增强。

2.10.3.3　积极打造品牌主题活动和品牌演艺产品

自 2010 年起，中国春秋淹城旅游区大胆尝试春节灯会、音乐节、小丑节、角色扮演（cosplay）秀、民俗演艺等多种多样不同主题、形式的活动，现已形成淹城新春灯会、淹城暑期水世界夜公园、以自然赏春亲子为主题的春游季和以国学及传统文化为主题的秋游季四大品牌主题活动。中国春秋淹城旅游区紧扣春秋文化和常武民俗，精心编排演艺节目和体验项目。陆续推出了大型实景演出《烟雨春秋》水幕电影秀、特色演艺《祈福大典》《奄王议政》《礼拜大儒》、“三十六行”民俗路秀、地方戏曲游船项目《画舫吟》，特色国学体验式活动“入学礼”“传统六艺（礼、乐、书、数、射、御）”等，其独创性、特色性赢得了游客的充分肯定和赞誉。

2015 年，中国质量认证中心对“常州武进春秋淹城”进行品牌价值测算，品牌价值评估为 20.85 亿元人民币。旅游区每年对景区服务质量开展顾客满意度调查。管委会和骨干企业定期召开研讨会，对品牌顾客满意度测评结果进行汇总、分析，提出改进意见，指导企业不断提升品牌建设工作。2013~2015 年，园区顾客满意度经第三方测评分别为 92.1、93.7 和 94.27，顾客满意度逐年提升。通过这些演艺、活动和推广，景区的品牌知名度和影响力迅速提升，“明清看北京，隋唐看西安，春秋看淹城”的口碑将越来越好。

第三部分 景区运营篇

1　旅游景区运营发展概述①

旅游景区运营状况，综合体现着景区经营能力和服务水平，直接关系着景区的现实收益和未来发展。我国现阶段景区运营主要有三种并存模式：一是市场化全包式的运营模式，往往有一个总操盘手，对市场化资本负责，从前期开发到后期运营全部囊括；二是政府性的运营模式，有一个强有力的管委会或经营公司，景区内部经济社会管理和周边事务协调全部抓在手里；三是所有权与管理权分离的运营模式，或者是政府把景区“托管”给一家公司管理经营，或者是投资人在景区项目建成后聘请有经验团队进行后期运营管理。三种模式中，从景区质量和效益看，大家普遍认可的是第一种模式，但由于人才寥寥、操盘者寡，第一种模式无法大范围复制。而后两种模式，各有明显不足，难分优劣。概括而言，我国旅游景区运营还处在初级阶段，很多规律需要总结，一些误区需要廓清，总体能力需要提升。

1.1　我国景区运营只经历了短期实践

旅游景区运营，总体上算是旅游供给侧的一个新兴概念。说其新兴，有以下几个原因：

一是我国旅游业从40年前邓小平同志登黄山肇始，走的就是“先国际入境、后国内和出境”“先接待赚外汇、后形成产业体系”的不同于欧美发达国家的独特道路，因此在最初很长一段时间内，围绕旅游核心吸引物（未必全是旅游景区，很多是文化和生态旅游城市）构建和扩大接待能力，与扩大对外市场宣传一样，是旅游业的最主要任务。这个过程，一直延续

① 本章作者为张树民，中景信旅游投资开发集团副总经理。

20多年，后来随着“黄金周”政策出台后国内旅游的逐渐兴起，以及国家A级旅游景区标准的逐步推行引导，旅游景区才在最近10年左右时间中全面代替旅行社业，走入旅游行业的中央舞台，并在扩大市场总供给、提升目的地形象、吸引旅游投资、带动地方经济综合发展等方面发挥出独特作用，而此前，包括旅游景区在内的核心吸引物开发长期被忽略，旅游景区运营更无从谈起。

二是尽管旅游景区在国内旅游兴起后越来越受到关注，但受到各类保护地法律法规的约束、传统体制的惯性延续、地方政府不同的施政理念等多方面影响，很多旅游景区由政府主导开发，并由政府建立各种不同类型、不同级别的机构管理，有的是派出机构，有的是经营公司，但都有一个共同特点：其作为政府延伸的触角，发展方向与政府要求紧密相关，运转以管理为主、经营为辅，承担的更多是政府意愿而非市场压力。这种情况下，旅游景区运营者为扩大综合业绩的独立决策能力低，受到的掣肘因素多，真正的“旅游景区运营”无论是在目标、手段、团队构建上，都大打折扣。

三是近10年来，一些地方开始突破原有束缚，重视引入外来投资者开发本地旅游资源建设旅游景区，旅游景区运营开始逐步被认识，但有些投资者存在“用闲钱、占资源、圈土地”心态，运营仍然不是关注重点。最近几年，随着经济下行压力不断加大、“房住不炒”带来的资金外溢、金融创新带来的旅游投资增长、地方政府旅游发展理念进步等因素叠加，房地产等行业的“赚快钱”和金融投资的“高收益”等意识也渗透到旅游投资，这既逼迫一些已投资者受自身财务成本压力和地方政府提升品牌压力而越来越关注运营收益，也让一些新进入旅游景区领域的投资方把与收益能力和投资周期息息相关的“旅游景区运营”能力看得越来越重。

综上所述，尽管业界对旅游景区运营的关注时间不长，但其重要性却直线飙升，已经成为影响旅游景区市场能力、产出水平、发展能力、未来潜力的生命线。

1.2　景区运营需要建立四个基本认识

当然，也正因为发展时间短，再加一些只有“躬行”才能“绝知”的规律尚未被总结，市场上对旅游景区运营存在着诸多误区，有的误区甚至还根深蒂固、贻害很广。全面综合客观地认识旅游景区运营，需要建立四个基本认识。

1.2.1　从属性

所谓从属，是指旅游景区运营都要从属于旅游景区投资的“商业模式”。这个模式，是广义的概念，总体来说，不管是国企资本、民营资本和金融资本，投入总是要求收益回报的；即使是地方政府自投自营自管的旅游景区，也对回报有着或大或小的要求，但不同性质的投资者对经济回报的高低与期限不同，并在经济收益、社会收益、品牌收益上各有不同的侧重。一般来说，大型国企资本和地方政府对景区的投入侧重中长期回报，并兼顾品牌影响和社会效益；而金融资本、上市公司、中小型民营资本则更关注短期收益，并在品牌建设、综合效益上相对有所忽略。这也必然带来旅游景区运营的不同特点：前者投资的旅游景区，在运营中一般经济效益产出能力偏弱，但品牌建设、社会影响等相对普遍较好；而后者投资的旅游景区，一般更把经济收益作为着力点，所以经济效益产出能力较强，在资本市场上更容易受到青睐。

1.2.2　贯穿性

所谓贯穿，是指旅游景区运营并不是可以独立割裂存在的，而是必须和景区建设、营销等环节前后紧密衔接，才能取得预期效果。“割裂存在”是个大误区。前些年，一些地方政府和旅游景区运营公司以“托管”的方式进行了一些探索，结果普遍不好，究其主要原因，并非地方领导思想不解放，也并非托管公司不努力或没眼界，而是在初期规划建设导致的空间缺陷和产品漏洞，并非托管方通过加强管理和品牌营销所能弥补，在木已成舟的状况下，除非政府重新追加投资进行新产品设计和一定规模的重建改建，否则无论如何加强运营管理也都将“无力回天”。而这种状况，在一些民营投资的旅游景区中仍在上演，因为在其他领域的成功使一些民营投资者信心满满，看到旅游市场总需求旺盛并受自身情怀驱动（说严重些，这种“情怀”是对旅游行业规律的漠视，与“赌徒心态”和“机会主义”的边界很模糊），在建设初期并没有理清楚自己的商业模式和产品优势，后期收益不佳，就寄希望于“运管团队”，而现实却是频繁更换管理团队也无济于事。

1.2.3 适应性

所谓适应，是指旅游景区运营要适合旅游景区所在地的各项条件。由于区位条件、自然禀赋、历史遗存、在地文化、当地经济水平等因素的差异，每一个旅游景区都是独特的，有着不同的“基因组”。因此，每一个旅游景区的运营，都必然受到上述因素的影响和制约，前三个因素对旅游景区核心吸引力产生的直接影响有目共睹，而后两者——在地文化与当地经济发展水平，虽是潜在的制约因素，但对旅游景区运营的影响却是巨大而长期的。从总体来说，经济发达的省份，普遍契约精神更强，旅游景区运营涉及的收益分配、土地利用、原住民权益，都容易按照市场规则解决，地方政府对投资者的看法和心态也更放松，对旅游景区运营中的困难普遍会给予更多的支持。实际上，就是在同一亚文化区，县与县的情况都存在很大差异，把某一地区的某一种产品业态、某一个营销渠道、某一套缺乏弹性和变通的管理模式作为在全国范围内旅游景区运营管理的万能模式，期望能“包治百病”，肯定行不通。

1.2.4 演进性

所谓演进，是指创新和进步。旅游景区作为一个消费空间，为游客提供了很多不同的消费场景，但与中国其他供给侧领域一样，都要随时面对市场变化而不断创新。尤其是对中国国内游客而言，身处一个短期内飞速发展变化的国度中，已经适应了日新月异的消费升级，并在潜意识中形成了求新求异的消费取向，同时因为可以在出国游、城市游、度假游等方面做出不同的自由选择，并已经经过前些年旅游经历和眼界的熏陶和历练，对旅游景区产品的品位要求越来越高，既希望一个旅游景区有震撼的强吸引力自然资源，还希望同时有差异性大、体验性强的文化类产品，更希望兼具度假休闲氛围的配套设施和城市生活的便捷度（当然，还普遍需要有较低的、类似国外目的地的门票价格）。

尽管游客的这些普遍心理，可能忽略了我们国家经济发展阶段和我国文化创新能力不强、旅游业发展时间短、旅游景区投入机制与国际不同等因素，但对旅游景区运营者来说，不可能坐下来对游客分析客观原因或倾诉自己之不易，必须认识到市场需求即是发展动力，能够做的只能是紧跟市场潮流，时刻适应变化，不断进行创新。

1.3　旅游景区运营存在四个关键影响要素

影响旅游景区运营的要素很多，但归纳起来，起到关键影响的主要有以下四方面要素。

1.3.1　景区禀赋要素

这里所说的禀赋，主要指先天禀赋，也就是别人不具备的核心吸引力。尽管近年来业界越来越强调"IP"的基础性地位和作用，但必须承认的是，如果一个旅游景区具有"老天爷"赋予的独特性自然资源或"老祖宗"留下的独特性历史遗存，则其在后期运营上会很省力（从另外一个角度看，"二老"带来的核心吸引力，正是业界所说的最好的天然IP）。禀赋要素还包括区位条件，而区位条件除了前面提及的是否处于经济发达地区外，还包括是否临近主要客源市场、外部交通的通达性和内部交通的便捷性。禀赋要素还涉及周边异质性产品的组合丰度、同质化产品的竞争强度等相关条件。

1.3.2　景区产品要素

产品要素与上一点说到的资源禀赋既有联系，又有差别。资源优势只有转变成产品优势，才对旅游景区运营有利。例如，同属于南方毗邻两省的具有相同地质地貌，历史遗存也都很丰富，并同时兼具国际影响力的某两家山岳型旅游景区，在接待人数和经济效益上却长期存在不小差距，这里面除了体制机制上的历史遗留原因外，其产品设计组合上的差别应当是另一主要因素。随着需求演变，前面述及的兼具观光吸引、度假设施、休闲项目、文化体验的组合类旅游景区产品，越来越成为吸引游客的理想目的地，并能产生理想的经济收益和良好的社会口碑。

1.3.3 景区内部空间要素

内部空间要素至少包含三方面内容：一是良好的游线规划。前些年大家普遍认识到的内部“不走回头路”就属游线规划，但除了要有“环形路”外，良好的游线还必须顾及游客游程的疲劳程度、沿途体验的审美差异、旺季超大客流时的交通组织等多个方面。二是科学的设施布局。景区大门开在哪里，游客中心的体量与位置，是否能够便利各项供给，内部各类餐饮服务、购物场所的布置，各类各等级厕所的沿线布局和设计，供水供电等各类保障设施的位置与衔接，某些临时便利摊点的规划与补充，少量住宿设施（以允许建设为前提）的选址与风格等，均含其中，并都对游客满意度产生着各自的影响。三是必要的预留空间。前面提到旅游景区需要不断创新以能够跟上市场需求，这就需要旅游景区预留一定的未来开发空间，作为业态创新的拓展区域，而很多老景区在这方面原来没有考虑，现在就很被动。

1.3.4 “人”的能力要素

这应该是最关键的要素，并对前面的几个要素也起到至关重要的作用。好禀赋向好产品转化、好产品配好空间布局，都跟“人”的水平有直接关系。当然，在我国现阶段旅游景区前期开发和旅游景区后续运营常常脱节的状况下，前几个要素涉及的“人”和运营团队的“人”也常常不能重合。因此，就狭义运营来说，“人”的要素主要体现在至少以下四个方面：一是管理水平，包括管理级层多寡、人员配置是否科学适当、信息传递是否便捷畅通、分权单位责权是否合理明晰、各类制度预案是否严格有效、成本控制能否长期坚持等。二是营销能力，包括市场定位是否准确，固定渠道是否稳固持久，线上营销内容方式是否符合时代特征和传播规律、内部激励是否充足明确等。三是协调能力，包括政策理解是否透彻、政府关系是否良好、市场口碑能否维持、突发事件能否及时适度应对等。四是合作能力，包括市场同业能否建立市场联盟、产业上下游资源能否充分调动利用、周边旅游从业原住民能否合作共赢、内部对外承包子项目服务水平能否有效控制等。

1.4 对未来旅游景区运营的展望与建议

1.4.1 总体展望

尽管现阶段我国旅游景区运营能力和水平不强，但随着改革开放、文旅融合、生态优化、消费演进、政策完善等外部机制持续作用，以及我国旅游景区领域在投资融资、商业策划、空间规划、建筑设计、业态研发、管理体系、服务标准、营销策略等多个内生动力优化的影响，未来旅游景区运营也必然会有全面提升的良好前景，不但会产生出更多更优的运营模式和优秀人才，还可能产生出持不同运营理念的不同流派，为这个领域增添更欣欣向荣的景象。

1.4.2 三点建议

一是要在全行业建立起“大运营”概念。充分认识旅游景区“产品影响管理和营销”的规律，把“运营”延展为从产品到售后的全过程，从商业模式策划、产品设计、景区建设等阶段就充分考虑市场的接受度和长久发展能力，以保证旅游景区的总体质量和效益。二是需要把培养人才作为迫切任务。由于历史原因，真正能够在旅游景区领域“懂产品、懂市场、懂管理、懂营销”的市场化人才非常少。尽管从不同背景集聚的旅游景区投资运营人才近年来逐步增加，但总体上远远不能满足需求，尤其是高端“操盘手”的严重匮乏，已经成为旅游景区运营的瓶颈，培养人才的任务迫在眉睫。三是需要进一步及时总结运营规律。由于过去若干年市场需求持续迅猛增长，旅游行业的一些领域慢慢也滋生出了“浮华、浮躁”的心态，旅游景区领域也不能幸免。由于人才的匮乏，一些刚刚积累一点运营经验的从业者，就已经成为投资者们高价而沽的对象，这对景区运营总体水平的提升极为不利。唯有更多人能够用更多时间加强深度实践，在实践中不断“扬弃”，并及时分析、研究、总结规律，才能让旅游景区运营水平更高，旅游景区发展更良性、更持久。

2　旅游景区运营案例

2.1　井冈山：红色旅游帮带脱贫的“井冈路径”

2.1.1　景区概述

井冈山，位于江西省西南部，地处湘赣两省交界的罗霄山脉中段，景区面积333平方千米，有11大景区，76个景点，460多处景观景物，是一座与中国现代史息息相关的政治名山，更是我国为数不多的生物多样性保存完好、植被和景观资源丰富的生态名山。可以说，井冈山是“红色景区中最绿、绿色景区中最红”的一座山。

2.1.2　产品概述

井冈山境内现有保存完好的革命旧居、遗址达100多处，已成为一座没有围墙的博物馆，是广大共产党员共同的精神家园。这里森林覆盖率达到86%以上，每立方厘米空气中含负氧离子数超过8万个，最高的地方达16万个，境内拥有全球同纬度迄今保存最完整的70平方千米次原始林，以及一片被联合国环境组织誉为全世界仅有的常绿阔叶林，有气势磅礴的云海，奇妙独特的飞瀑，瑰丽璀璨的日出，蜚声中外的十里杜鹃长廊，以及被载入百元人民币背景图案的五指峰，享有“天然动植物园”“绿色宝库”和“天然氧吧”之称。

旅游业是井冈山的支柱龙头产业，以旅游业为主的三产增加值已经占据了全市GPD的半壁江山之多，达到了58.8%。先后获得“世界生物圈保护区”“国家级重点风景名胜区”“中国优秀旅游城市”“国家5A级旅游景区”等荣誉称号，并成功列入世界文化与自然双遗产预备名录。

2.1.3　红色旅游帮带脱贫

近年来，在上级党委政府的坚强领导和社会各界的大力支持下，井冈山以弘扬红色精神、发展绿色经济为己任，顺势而为，务求实效。全山公众安全感和游客满意度连续6年列全省第一名，旅游人数和旅游收入连续3年增幅在25%以上。打造了红色培训领跑全国、红色旅游帮带脱贫的“井冈路径”。2017年2月26日，井冈山实现脱贫“摘帽”，这一成果充分证明，革命摇篮井冈山，在新的历史条件下又开创了消除贫困的崭新篇章。

2.1.3.1　品牌引领、全域旅游，景村融合、处处是景

构建山上山下互动、山里山外融合的坚实基础，努力提升旅游经济的辐射能力和带动能力。

旅游景区全域化。紧扣“全景井冈、全域旅游”，实现从“一处美”到“处处美”，从“景点游”到“全域游”。

红色旅游品牌化。积极顺应大众旅游，实现从“一红独大”到红绿辉映、“多彩”井冈的转变；从单一观光旅游向体验互动旅游的转变；从传统柜台服务向智慧旅游的转变。

产业经济立体化。全力实施“旅游+”行动计划，打造红色旅游经济，引领集总部经济、休闲经济、会议经济、电商经济于一身的“1+4”产业，实现从单一旅游到立体经济的转变。

2.1.3.2　红色引领、绿色崛起，产业联动、户户受益

构建三产共生演进，百姓利益共享的多赢局面，努力让老百姓吃上旅游饭，走上致富路。

创新“住、学、演三个一模式”，实现脱贫梦想。一是建好“一个梦想家园”，带活一方水土。针对“一方水土养不活一方人”的深山区，推进移民搬迁，引导贫困群众向园区、城区、中心村转移，通过基础设施配套和公交一体化建设，把城区、园区、景区融为一体，让2694名贫困群众白天进区务工就业，晚上回家照顾家庭，实现安居与脱贫双赢。二是推出“一天红军体验”，带起一个产业。针对红色资源较为丰富的神山、坝上等村镇，我们深入挖掘红色资源，创新推出“红军的一天”红色培训体验项目，让游客“现场感受在山村，亲身体验在农户”，既为红色培训打造

平台，又为百姓增加收入，实现红色培训与农民增收双向并举。三是打造“一场红色演出”，带富一方百姓。针对群众比较集中的拿山、厦坪等区域，创新推出大型实景演出《井冈山》等旅游项目，吸引附近村民参与，仅此一台戏，就让800多名农民“白天在家种地，晚上红色演出”，每人年均增收7000余元，实现创收与休闲“两不误”。

深化“农、工、旅三产融合”，实现“三个转变”。鼓励发展观光农业、农事体验、户外休闲、田园骑行、漂流体验等乡村旅游，实现农村变景点。鼓励开办农家乐，开展民宿体验、农庄经营，实现农民变老板。打造农业产业“231”（20万亩茶树、30万亩毛竹、10万亩果树）富民工程，实施工业“双百”（百家企业、百亿园区）发展战略，打响竹木制品、旅游食品、陶瓷创意等特色品牌，实现工农产品变旅游商品。

拓宽“联、馆、网三条渠道”，实现“三个起来”。一是联营互动，把农家乐经营户“统起来”。二是订单扶贫，把宾馆酒店与贫困群众“连起来”。三是电商带动，把农副产品在网上销售“快起来”。

2.1.3.3 党建引领、群众主体，创新机制、人人参与

构建多轮驱动、各方发力的扶贫帮困机制，努力在红色旅游扶贫中凝聚最广泛力量。

建好“火车头”。建强党组织堡垒，下派科级干部任村“第一书记”，把“土专家”“田秀才”等致富能人培养成共产党员，把党员培养成村组干部，为每个贫困村铸就一支“永不走的扶贫队伍”。

培育“领头雁”。坚持示范带动，培养致富能人，树立行业标兵，形成了“党员先走带后走，带着群众一起走”和“能人做示范，村民跟着干”的生动局面。

用活“金招牌”。充分利用井冈山独有的政治优势，发挥红色景区聚集效应，切实做好多方支持援助文章，通过向上争资、社会捐资、联创共建等方式，为脱贫“摘帽”助力加油。

不忘初心、继续前进。井冈山以党的十九大精神为指引，聚焦“红色最红、绿色最绿、脱贫最好”，坚定不移推进“旅游+”致富产业，从红

色旅游扶贫向红色旅游富民迈进，努力实现“脱贫、致富、文明”的奋斗目标。

2.2 乌镇：古镇与互联网碰撞的智慧开发

2.2.1 景区概述

乌镇景区是国家5 A级旅游景区，位于上海、杭州、苏州的交接地带，目前拥有员工4500余人，截至2016年12月，公司总资产47亿元，净资产34亿元，年收入超过16亿元，是一个集观光、休闲度假、商务会奖于一身的国际化的旅游目的地。

2.2.2 产品概述

乌镇位于长三角地区江、浙、沪的“金三角”地带，拥有7000多年的文明史和1300年的建镇史，被誉为“中国最后的枕水人家”。

乌镇具典型江南水乡特征，完整地保存着原有晚清和民国时期水乡古镇的风貌和格局。以河成街，街桥相连，依河筑屋，水镇一体，组织起水阁、桥梁、石板巷、茅盾故居等独具江南韵味的建筑因素，体现了中国古典民居“以和为美”的人文思想，以自然环境和人文环境和谐相处的整体美，呈现江南水乡古镇的空间魅力。

2.2.3 互联网基因下的智慧开发

2013年第一届乌镇戏剧节的开幕，正式拉开了乌镇走向文化产业的第一步。2014年，乌镇成功承办首届世界互联网大会并成为永久举办地。2016年3月开始的乌镇国际当代艺术邀请展是乌镇迎来的又一个持续性艺术项目。乌镇迎来了全新的发展机遇，进一步拓展了国际知名度。

新的时代使命，需要新的规划远见和谋略。为打造一个融小桥流水传统特色和现代互联网基因为一体、中西文化交相辉映，既能满足互联网大会永久落户的需要，又能实现旅游和经济社会发展的智慧小城镇，新时期乌镇需要高起点、高标准地开展战略性规划研究，提出互联网时代乌镇创新发展的目标、路径和对策。

2.2.3.1　中国旅游景区＋新科技的典范和先驱者

“智慧乌镇”物联网平台是中国电信浙江公司基于新一代物联网（NB-IoT）技术，综合云计算、大数据等手段，为智慧城市管理提供的综合一体化解决方案。平台依托中国电信100%覆盖的NB-IoT网络，通过给乌镇各类基础设施加载物联网模块的方式，将其接入物联网和互联网，用互联网管理手段将物联化的基础设施（设备）集成在一张地图上，统一监控、管理，为乌镇的环卫、消防、气象、防汛等公共管理赋能。

2.2.3.2　多形态资源共享

中景云平台的顶层打通多形态资源共享在乌镇的应用，实现了景区多业态资源产品统一管理、统一销售，从而真正实现了“B2B2C”模式下资源“即看即可得”夙愿。使景区跳出了传统OTA渠道的束缚，建立了景区产品自主“O2O”运营的模式。使客户在最短、最优的交易链条下完成产品的确认购买，使客户享受资源方最精准的咨询服务、了解最全面的景区信息。中景云平台的底层打通各业态系统管理的数据，实现了客人景区内消费信息实时共享、实时汇总，客人在景区内真正地享受随意消费、集中一站式结算的服务。最终能多维度地分析景区经营全貌，为景区的管理者、经营者提供科学的决策数据，不断优化和完善景区的运营模式。

2.2.3.3　智慧科技集成体验区

乌镇智慧社区是国内首个智慧科技集成体验社区，项目选址在乌镇核心区的子夜路沿线，项目计划总投资3.5亿元，首期建成面积约4万平方米。项目规划建设未来科技展示中心、智慧办公空间、智慧酒店和智慧停车等不同体验功能板块，将根据不同的功能区块匹配领先的集成设计，以预想未来为目标，以场景式体验为主题，通过对未来智慧先进技术的合理集成，融合建筑集成和科技集成，将装配式建筑科技、生态节能科技与智慧体验科技融入社区，建设未来生活一体化的具有乌镇新地标效应的智慧社区。

2.2.3.4　打造智慧城镇典型样本

互联网不仅改变了传统小城镇的发展路径，还对城市规划的变革与创新产生了重大影响。顺应互联网时代浪潮，乌镇致力于打造全球智慧城镇样本，探寻“互联网+城市”和“智慧规划”的创新示范道路。

乌镇将先进的管理理念实践于对古镇的保护中，乌镇对古镇保护开发方式做了有效的探索，积累了成功的经验，为全国的古镇保护树立了榜样，成为中国古镇保护进程中值得推广的典型。目前，乌镇旅游股份有限公司相继保护开发了乌镇东西栅景区、乌村高端乡村度假区、古北水镇景区、濮院古镇、贵州乌江村等，已经形成景区连锁经营管理核心优势，已成为中国休闲旅游目的地的供应商。

2.3 北京欢乐谷：主题 IP 研发促进景区情景式非门票消费

2.3.1 景区概述

北京欢乐谷是国家 4A 级旅游景区、新北京十六景、文化创意产业基地。北京欢乐谷是目前国内最为国际化、现代化的主题公园，占地面积 56 万平方米，以文化景观、艺术表演和娱乐设施体验为三大核心内容，拥有峡湾森林、爱琴港、失落玛雅、香格里拉、甜品王国、亚特兰蒂斯、欢乐时光七大文化主题区。

2.3.2 产品开发

北京欢乐谷精心设置了 120 余项体验项目，包括 40 多项娱乐设备、50 多处人文生态景观、10 多项艺术表演、20 多项主题游戏和商业辅助性项目，可以满足不同人群的需要。

游客可以沿着爱琴港湾、玛雅小镇的足迹，登上舒缓的亚特兰蒂斯聚能飞船，寻找历史的遗迹，梳理文明的脉络，感受各大主题分区梦幻般的人文魅力，了解社会、自然与生态的种种知识，在参与体验中领悟加速度、失重感，感受植被的多样性，艺术的趣味性，还有色彩、自然、音乐和运动。精彩纷呈的文化表演美轮美奂，种类齐全的游乐设施惊险刺激，大型演出《金面王朝》震撼人心，特色鲜明的主题商品琳琅满目，中外美味小吃诱惑味蕾。

2.3.3 旅游商品开发

从旅游商业自身来看，大多数景区旅游商品的开发与管理并没有形成从设计到销售的完整产业链，缺乏独创性、地域特色、艺术品位和品牌意识，让旅游商品被频频诟病。更重要的问题还在于，景区管理部门对于旅游商品市场重视程度不够，导致商业设施落后、商业布局与展陈方式缺乏人性化、细分市场不明确和游客消费心理营销分析不到位。许多地方在旅游发展过程中存在重“游、娱”轻“购物”的思想，使得旅游商品设计者开发意识淡薄，旅游购物环境不尽如人意。

2.3.3.1 “主题活动 + 商品 + 品牌”营销模式

将商品通过主题活动销售出去，借助品牌的资源营造销售氛围。通过不断地合作与深化，寻找品牌赞助、冠名，形成常态的常年的以商品为主的主题活动，通过“主题活动 + 商品 + 品牌”营销模式，提升游客体验值，带动非门票消费增长，提升园区的服务品质。

2.3.3.2 利用六大主题节庆活动

根据每个活动的主题，经营部开发引进一款相关的主题商品，有效实现“门票 + 商品”的捆绑销售。一方面有效带动商品销售，另一方面可以利用商品做足节庆活动氛围。借助市场部及艺术团等相关部门资源，捆绑经营商品，做足节庆活动氛围，并在活动中洽谈一个相关的品牌，共同举办活动。如魔术节、啤酒狂欢节、万圣节、夜光跑等。

2.3.3.3 IP 主题商品研发

欢乐谷是中国第一个自主创新的主题公园连锁品牌，欢欢、乐乐、小谷是欢乐谷主题形象。北京欢乐谷自 2006 年营业至今，自主研发设计了 9 个类别、超过 1000 余款主题商品。北京欢乐谷经营商品款式超 3200 余种，其中根据景区主题形象自主研发主题商品 1000 余款，根据北京欢乐谷各区域主题特色引进了特色商品 1000 余款，纪念商品种类合计达 2000 余款。从购物品的类型来看，包括北京欢乐谷主题的纪念品、有北京地域特色的土特产品、工艺美术品、旅游用品等多个类型。自主研发设计了 9 个类别、超过 1000 余款主题商品。包括学生拉杆书包等主题文具类，有主题蚂蚁形象的主题糖果类、嘻哈帽、文化衫等主题服饰类、闹钟、手表、水壶等主题日用品类，水晶球等主题摆件类等。

2.3.3.4　促进旅游纪念品的开发

北京市旅游委每年举办“北京礼物大赛”，通过比赛的形式，促进旅游纪念品的开发，并有专项资金，扶持各企业、单位大力度开发主题纪念品，对于符合要求的企业，给予不同金额的资金支持。北京欢乐谷在2015年成功申请到51万元扶持资金。由北京市旅游委主办，北京电视台承办的2017年第十四届“北京礼物”旅游商品大赛圆满落下帷幕。北京欢乐谷与合作方共同设计研发的“欢乐翻杯”喜获银奖。通过政府资源，拓宽了主题产品开发思路及手段，与设计院校及包装协会进行合作，共同进行主题产品的研发。

目前北京欢乐谷年均游客量在300万人次以上，虽然距离国际大型主题公园仍有差距，但北京欢乐谷在中国主题公园行业的领军地位毋庸置疑。相较于国内其他主题公园，北京欢乐谷非门票消费具有一定的领先优势，并为行业拓宽了一种转型新思路，起到了示范性作用。在未来，对景区来说，打造主题化园区，促进情境式消费正是一股不可逆转的趋势。

2.4　鸡公山：打造自身特色的IP营销

2.4.1　景区概述

鸡公山，位于河南省信阳市境内，桐柏山以东，大别山最西端，是中国四大避暑胜地之一，也是新中国第一批对外开放的全国八大景区之一，第一批44个国家级重点风景名胜区之一，鸡公山是国家级自然保护区，区内森林茂密、生物资源丰富。

2.4.2　产品资源

2.4.2.1　鸡公山之山

鸡公山有“青分豫楚、襟扼三江”之美誉，“佛光、云海、雾凇、雨凇、霞光、异国花草、奇峰怪石、瀑布流泉”被称为八大自然景观。鸡公山巍峨耸立在豫、鄂两省交界处，方圆五十里，素有“气压嵩衡”之誉。主峰鸡公头又名报晓峰，海拔 784 米。它像一只引颈高啼的雄鸡，凝视远方，鸡公山因此而得名。

2.4.2.2 鸡公山之别墅大观

1898~1936 年，包括中国在内，有 24 个国家的不同身份的人，在如今鸡公山万国广场四周建造了彰显别墅主人本土文化元素的近 500 幢单体别墅，它们或藏身山林，或矗立湖畔，或傲然屹立于山巅，高低错落，疏密有致。这片特殊历史时期遗留下来的具有不同国别风格的建筑群，有“万国建筑博物馆”之美称，是中国历史上第一个“公共租界”。鸡公山老别墅可谓是中国近现代历史的缩影，反映了从洋务运动到军阀混战、从北伐战争到抗日战争、从解放战争到新中国成立初期的历史风云。这也构成了多元化、国际性的鸡公山老别墅文化。鸡公山老别墅和中国的近现代史紧紧捆绑在了一起。

2.4.3 以“鸡”为名 IP 打造

鸡公山风景区是全国首批对外开放的八大景区之一，是国家级风景名胜区、国家级自然保护区、全国重点文物保护单位、国家 4A 级旅游景区，中国四大避暑胜地之一。随着这几年旅游市场的变化，景区品牌宣传和活动策划需要得到进一步提升，尤其是避暑胜地的 IP 更需要强化。鸡公山亟待擦亮金字招牌，重铸百年辉煌。

2.4.3.1 典型事件营销打造 IP

鸡公山以“鸡”命名，2017 年是丁酉“鸡”年，同时景区品牌口号又是“百年避暑胜地、万国建筑博览”，鸡公山凭借得天独厚的自然条件，依托景区“夏季避暑”的主题，策划了“2017 鸡公山国际避暑文化节”的开幕式。

通过前期对景区自然生态、历史文化、目标市场、拓展渠道的精准分析，结合 2017 年丁酉鸡年和鸡公山的鸡文化内涵，鸡公山有针对性地提出了“鸡公山国际避暑文化节开幕式”的概念。本次活动共分为两个部分，分别是“万国舞会”和“吉祥如意千鸡宴”。

2017 年 6 月 24 日当避暑节开幕时，极具民国风情的歌舞表演吸引了千余名游客集聚在集散中心观看，逗趣软萌的小丑、民国佳人柔美的舞姿引来游客的阵阵掌声。当活动转场时，“吉祥如意千鸡宴”在景区山顶激情上演，此环节一开始就进入白热化，大摆“鸡祥宴”，活动现场邀请千余名民众参加，火爆上演千人吃鸡比赛。

无论是俊男还是靓女，无论是老人还是孩子，参赛选手均无暇顾及自己的形象，纷纷投入到比赛中来，速度最快的一名“吃货”3 分钟就干掉了一整只烧鸡。此次活动因场面火爆一度稳居头条，大大提高了景区知名度和影响力。

鸡公山风景区“2017 鸡公山国际避暑文化节开幕式”的高潮环节“吉祥如意千鸡宴”是景区运营典型的事件营销。事件本身创意好、关注度高，在拉动鸡公山夏季旅游市场、提高景区经济效益方面，这是一次成功的热点事件营销，因此获得 2017 年中部旅游创意大赛现场专家评委和大众评委的一致好评，鸡公山风景区也凭该创意荣获大赛“先锋奖”。

2.4.3.2　多媒体渠道扩大传播效果

“吉祥如意千鸡宴”使整个避暑文化节开幕式进入高潮，场面火爆，让鸡公山稳居各大新闻榜首，本次活动被 200 多家网络媒体转载，如人民网、中新网、中国网、今日头条、腾讯新闻、新浪、大河网、网易、凤凰新闻等，同时也在美国中文网广受关注和热议。河南电视台、信阳电视台等 20 多家电视媒体争相报道。活动期间，百度关于“鸡公山千鸡宴”的相关链接多达 926 万个，经过前期的宣传，活动当天游客量达 6000 人次，比平常增加了 50%。

鸡公山风景区 2017 年策划的国际避暑文化节影响深远，是旅游创意营销的成功案例，是鸡公山风景区 2017 年年度宣传和市场拓展的重要里程碑。通过这次活动拉开了鸡公山风景区夏季避暑的序幕，以此助推鸡公山引领夏季市场，强化了鸡公山四大避暑胜地的主题。基于自身资源的特点，通过打造特色品牌，提高知名度，加强市场营销力度以及抓住机遇等品牌运营，进一步提高自身旅游资源的开发层次。

2.5 景德镇古窑民俗博览区：厕所革命

2.5.1 景区概述

景德镇古窑民俗博览区，是全国唯一一家以陶瓷文化为主题的国家5A级旅游景区、江西省第一家坐落于城市中心的国家5A级旅游景区。是全国旅游标准化示范景区、国家文化产业示范基地、全国科普教育基地、国家级非物质文化遗产生产性保护示范基地。

2.5.2 产品研发

我国是著名的陶瓷古国，而景德镇则是陶瓷古国皇冠上的一颗明珠。在长达1700年的历史进程中，它“集全国名窑之大成，汇各地良工之精华”，经上百代的艰辛劳动，创造了世界制瓷史上无与伦比的光辉业绩。景德镇陶瓷文化旅游具有弘扬陶瓷文化，振兴瓷都经济的积极意义。

根据景德镇陶瓷之都的历史、文化、风俗、休闲等多种风格的主题，在景区开发的过程中主要分为以下几类区域：

2.5.2.1 历代瓷窑展示区

该区域内有古代制瓷作坊、世界上最古老制瓷生产作业线、明清御窑、清代狮子窑、清代镇窑、明代葫芦窑、元代馒头窑、宋代龙窑、风火仙师庙、致美轩陶瓷陈列馆、唐英纪念馆、红店等景点，向人们展示了古代瓷业建筑，宋元明清时期景德镇手工制瓷工艺流程及传统名瓷精品。

2.5.2.2 陶瓷民俗展示区

以十二栋明、清古建筑为中心的民俗展示区内有陶瓷民俗陈列、天后宫、祖师庙、金瓷工坊、瓷碑长廊、瓷音水榭、瓷乐演奏等景观。

2.5.2.3 瓷生一日艺术休闲区

该区域内有中国古窑馆、紫禁书院、世博江西馆、窑神童宾大型青铜像、昌南问瓷、三闾庙码头、耕且陶焉、前瓷今生、木瓷前缘、哇陶体验馆等瓷文化创意休闲景观。

2.5.3 舒园——瓷器与厕所“邂逅”

近年来旅游系统坚持不懈推进“厕所革命”。“物质文明看厨房，精神文明看茅房”，旅游厕所虽小，却是衡量旅游地文明水平的重要窗口，反映着游客对于景区最直观的感受。早在旅游厕所革命袭来之际，古窑景区就将旅游厕所作为让游客舒心满意的建设项目，重点规划并着力打造，具有江西特色的旅游厕所——“舒园”便成为江西省旅游厕所的典型代表。

在“世界厕所日暨中国厕所革命宣传日”活动上，景德镇古窑民俗博览区荣登“厕所革命十大典型景区”红榜。古窑景区获此殊荣，得益于景区厕所标准化建设工作的模式创新。建筑材料与整体设计尽显古窑文化特色。当瓷器与厕所“邂逅”，便成就了古窑的“舒园”。把厕所称为“舒园”，名称雅静而且带有诗意。厕所的设置是为了让人方便、保持卫生，简而言之，上厕所，要么是清洁，要么是方便，凡此一切，都为舒服。“舒园”将厕所与人的放松，愉悦等感官刺激联系在一起，言简意赅，又文雅贴切。景德镇古窑民俗博览区相关负责人说：“景区的旅游厕所给游客带来了享受般的体验，提高了游客满意度。”

碎瓷片装饰的厕所墙面，仿造青花瓷的洗手池，陶瓷元素的指示路牌，典雅的细节展现了充满东方质感的陶瓷文化魅力。重檐式的屋面设计，凸显建筑的立体感与层次感，入口处借用徽派门头处理，与原有厕所风格呼应，使整体建筑融入古窑文化的大主题。9 座旅游厕所都是严格按照国家 5A 级旅游景区标准建设，合理布局，每个厕所都有专人负责管理，实行“一人一厕、一次一扫”，及时保证卫生干净，各景点厕所数量充足，让游客安心、舒心。

景区厕所的周到服务和完善管理，既满足了游客的需求，又实现了“数量充足、干净无味、实用免费、管理有效”，细节之处更彰显着景区的细心与用心，这就是“舒园”给游客最大的安心与舒心。“舒园”整洁的外观与内设已经足以让不少游客啧啧称赞了，谁能想到如此小小的如厕空间，还能给游客带来美的体验。在旅游厕所方面，景德镇古窑民俗博览区还在不断完善服务。2017 年 8 月 1 日，国内首个以陶瓷文化为主题的“第三卫生间”在古窑民俗博览区正式启用，这是专为方便陪同不能自理的亲属如厕以及残障人士而设的，这也是古窑民俗博览区继续深化厕所革命，为游客提供更贴心更人性化服务的一个表现。

2.6 西安楼观：没有做不好的市场，只有跟不上的营销

2.6.1 景区概述

西安楼观中国道文化展示区的开发建设是陕西省委、省政府实施“文化强省”战略、全面贯彻落实《关中—天水经济区发展规划》的重要举措。展示区规划面积为33.04平方千米，由西安市周至县和曲江新区合作共建，由西安曲江楼观道文化景区管理有限公司负责运营管理，隶属于西安曲江文化旅游（集团）有限公司。

展示区基于财神故里、财神文化、老子《道德经》和道文化而开发建设，属于人文历史景观，其中赵公明财神文化区是国内少有的以财神赵公明为主题的民俗综合展示园区，终南山古楼观是中国最大的展示道教神仙体系的旅游景区，具有不可替代的文化内涵。经过6年的发展，展示区已经成为陕西旅游的新亮点。展示区客源市场以陕西九地市、山西、河南、成都、东南沿海以及港澳台游客为主。

2.6.2 产品研发

展示区下辖以财神文化为主题的赵公明财神文化区、以老子《道德经》和道文化为核心的终南山古楼观景区、以养生祈福为主题的延生观景区、以老子点化弟子徐甲故事为背景的化女泉景区和以现代农业科普教育及亲子度假为主题的曲江农业博览园五个景区。同时，还有楼观道温泉酒店、楼观印象酒店及农业博览园生态花园酒店作为旅游服务配套。展示区深挖区内资源，将山水旅游、文化体验、祈福朝拜、民俗观光、滨水休闲、认耕采摘、田园观光等功能项目高度衔接、融合，打造出以道文化展示和宗教体验为核心的文化旅游、以秦岭自然山水为依托的健身生态游、以观光农业示范区为依托的农耕体验游、以道教传统养生为依托的健康养生游、以西安国际化大都市圈为依托的休闲度假游等多样旅游产品，形成了曲江楼观文化旅游体系。

2.6.3 品牌营销

没有做不好的市场，只有跟不上市场的营销理念。旅游景区运营贵在找到并深挖自身特色，做到“人无我有，人有我优”。转变营销思路，整合旅游资源，一个拳头出击，有利于品牌形象建立，同时配合大力度的宣传推广，从而实现破题。

2.6.3.1 景区营销思路

全年按照重大节日策划多项节庆活动，丰富景区活动项目。

配合小长假、周末以及各类文化营销类活动，保证景区活动丰满，演出不断，游客体验度高。

不断调整、创新、丰富旅游产品，满足不同市场的旅游需求。

与当地媒体深入合作，传统媒体结合新兴媒体，多角度多方位宣传推广景区品牌和社会知名度。

从转变思想开始，创新营销理念，调整营销手段，针对不同市场、不同产品采用不同的营销方法，随机应变，破解“旅游淡季”的魔咒。

整合区域内资源，“你中有我，我中有你”，实现合作共赢。

注重渠道拓展和市场推广，每年组织多次路演、推介等活动，打开省外市场。

提前制订市场开发、活动策划以及宣传推广计划，不打无准备的仗。

走出去，多学多看，取长补短。

2.6.3.2 具体营销举措

按照一年四季策划春节、春季、暑期、秋冬季旅游主题活动，打造出“新春祈福庙会”新年主题活动、“春到楼观”春季主题活动、“帐篷欢乐季·森林总动员”暑期主题活动和“有福之人来楼观，金秋民俗大庙会”四季品牌主题。同时在五一、中秋等小长假期间推出各色民俗演出、美食季等，丰富景区体验项目。

克服夏季炎热、冬季寒冷的劣势，转变营销思路，暑期推广帐篷露营、舞台演出、海鲜美食节、动物互动等亲子避暑产品，同时针对企业年会市场定制年会产品，实现了“淡季不淡”，经营收益同比增长明显。

贯彻国家政策，根据自身产品特点，推出中小学生研学产品，如古法造纸、雕版印刷、石碑拓片、诵读《道德经》等国学体验项目和土培DIY、植树、采摘、动物喂养等农业科普项目体验，占领研学市场先机。

不断调整战略，转变营销思路，深入挖掘自身资源特色，扬长补短，不断创新，渠道拓展与宣传推广合力展开，提高投入产出比，实现经济收益年年增长。通过几年的不懈努力，各类节庆活动、文化活动、营销活动受到广大市民的一致肯定和喜爱，楼观品牌逐步形成，西安楼观中国道文化展示区的知名度不断提高，道文化和财神文化不断走向全国乃至世界，在带动当地产业链发展的同时，提供了几千个就业岗位，有力地解决了当地闲散劳动力再就业问题，带动百姓增收，为实现城乡统筹添砖加瓦。

2.7 丫山风景区：厕所革命与精准扶贫两翼发展

2.7.1 景区概述

丫山风景区位于江西省赣州市大余县黄龙镇，因最高峰双秀峰呈“丫”字形而得名，以“灵山秀水”“天然氧吧”“千年人文”“生态美食”而闻名遐迩，自古即为释、道、儒三教和谐共存的名山。丫山风景区占地面积20平方千米，森林覆盖率达92.6%，是国家4A级旅游景区、江西省5A级乡村旅游示范点。

2.7.2 创意厕所建设借景生辉

为响应国家“厕所革命”号召，建设高品质旅游景区，倡导游客卫生文明风尚，丫山风景区进行了一场火热的厕所革命。

在操作模式上，丫山就地取材，变废为宝，用文化创意激活了丫山一切可用的资源，将厕所塑造成丫山一道独特的景观。在厕所建设过程中，丫山利用景区的竹子、竹根等一切生态材料，创意打造一个又一个实用、新颖的文化厕所景观，充分体现了生态环保的理念，如竹根做水龙头，废旧轮胎、油桶、加油枪等做洗手池、出水口等；在外形上也是独特而新颖，巴士景观厕所风格可爱，充满童趣，本身就是一道风景，亦与周边景观融为一体。

近年来，丫山“厕所革命”硕果颇丰。景区新建“粮仓”“酒友”“巴士”“轮胎”“圊溷”等9座生态景观厕所，打造了一个又一个实用性与享受性兼有的人文景观。同时，造型上实现了大胆的突破，“粮仓”造型，位于A哆乡村内，形似农家粮仓，深具年代印记，配套淋浴等设备更是方便游客。“巴士”造型，位于A哆森林内，是以公共汽车为原型设计的公厕，风格可爱活泼。“酒吧”造型，粗犷的工业风装修风格，迷离的灯饰，犹如置身酒吧，而非上厕所。同时升级实用性，引进感应等高科技应用，休闲区设置大屏液晶电视等设施，让上厕所成为一种惬意享受。在厕所内部设计中更显人性化，3A级的圊溷厕所人性化的母婴和第三卫生间的贴心设计，让厕所成为丫山风景区一道独特的人文奇观。

从2015年国家首提“厕所革命”，3年来，丫山新建、改建了风格各异的公共厕所达9座，厕位近200个，其中3A级厕所1座，第三卫生间2个，无障碍厕位16个。

丫山“厕所革命”历时3年，投资近百万元，取得初步的成效。景区厕所按照从简单实用型升级转变成实用享受型的步骤改革。在社会经济效益方面，丫山“厕所革命”不仅提升了景区的硬件品质，而且有效提升了景区的管理。目前景区厕所环境得到很大的改善，同时也带动了游客的文明素养提升。丫山的“厕所革命”充分表明，要根据景区当地的实际情况，融入景区的特色文化，让厕所景观也变得有文化、有灵魂。

2.7.3 依村兴旅，借旅扶贫

10年前，丫山所处的大龙山区还是一个远近闻名的贫困山区，当地人口外流严重，村容一派萧条。景区把“乡村旅游与精准扶贫”紧密结合，以生态旅游产业为龙头，坚持与当地原住民“共建、共赢、共享”，引导扶持，吸引外出务工农民回乡工作，让旅游扶贫落到实处。

实践中，丫山摸索出了一套依靠乡村旅游特色经营模式实施旅游扶贫的路子，其中“三级受益”模式成为调动原住民积极性、融入丫山绿色经济体的原动力。

第一级受益模式，即丫山租用村民的房子、土地，村民仍可以在原地居住；无偿给民居进行改造或装饰装修，房屋的产权依旧归村民所有。

第二级受益模式，即无论盈亏，丫山都给予每户居民每月600元的租金，并为每户民居的原住民老人提供每月300元/人的赡养补贴；有劳动能力的村民还可优先录用进景区工作，根据岗位每人每月可得到2000元以上的工资；另外，作为一张“情感牌”，景区还给予迁出居住的原住民每人每年免费回丫山住生态酒店30天的待遇。

第三级受益模式，即规划未来的丫山以“模块化经营，物业化管理”模式运作，就是将产业模块化分包经营，大余章源生态旅游公司只负责物业管理。在不同文化定位的乡村景点，经营不同的生态产业。在经营前期，公司全力负责项目的创意、研发、包装、宣传以及培训原住民经营，并给原住民提供景区包销、保本经营的福利。

景区自实行精准扶贫以来，累计投入近亿元资金帮助当地贫困户脱贫，按照从物质层面上脱贫到精神层面脱贫的步骤逐步实行。从达到的社会经济效益方面来看，直接、间接地提供了近千个就业岗位。现精准扶贫产业已辐射至周边各镇近20个行政村，近400户贫困户，脱贫率均达80%以上。以丫山风景区所在的黄龙镇大龙村为例，全村有304户1104人。由于地处山区，耕地少，土地贫瘠，该村一直是贫困村。自2015年以来，景区通过直接就业、带动帮扶、房产和土地租赁、搭建平台创业等方式扶持和带动当地贫困乡亲实现了脱贫致富。目前全村人均收入达到5560元，户均年收入都在3万元以上，彻底摘掉了贫困村的帽子。

景区在精准扶贫过程中，把乡村旅游与精准扶贫紧密结合，作为“带一接二连三”的综合性富农产业，推动乡村旅游和精准扶贫有机融合，“转型升级，引导扶持，三级受益，深度创意”，将乡村闲置的农田、荒山、农舍等资源全面盘活，将精准扶贫落到实处。

2.8　金鸡湖：“政企联动”的开放式景区管理模式

2.8.1　景区概述

金鸡湖景区是开放式国家5A级旅游景区，也是目前唯一“国家商务旅游示范区”的集中展示区。景区总面积11.5平方千米，按照“园区即景区、商务即旅游”的城市商务旅游功能布局，以金鸡湖为中心，投资89.53亿元，精心打造五大功能区：文化会展区、时尚购物区、休闲美食区、城市观光区、中央水景区，金鸡湖景区与园林古城交相辉映，共同构成苏州旅游“古韵今风”的“双面绣”。

2.8.2　产品研发

金鸡湖景区作为目前国内唯一的“国家商务旅游示范区”的集中展示区，区内有苏州博览中心、文化艺术中心、金鸡湖会议中心、国际品牌高等级旅游饭店及各类展馆、商务型经济酒店、品牌购物、餐饮、娱乐休闲设施共396家，包括姚建萍刺绣艺术馆、蔡云娣江南三雕艺术馆等10余家文化展馆及总建筑面积51万平方米的圆融时代广场、台湾诚品书店苏州第一家分店、苏州园林式购物中心新光天地等。同时，完善的交通设施、优质的公共服务平台以及具有时代特征的八大景点，充分形成“商旅文体展会”多业态集聚、多要素融合的局面。

2.8.3　立足商务，政企联动

2015年，金鸡湖景区管理中心编制的国内首个商务旅游行业标准《国家商务旅游示范区建设与管理规范》由原国家旅游局审定发布，标志着园区商务旅游理论研究实践走在全国前列，成为“国家标准”的探索者、制定者、实践者。

金鸡湖景区立足商务旅游发展，区别于传统景区门票经济，围绕旅游“大产业”“大经济”，推进旅游与相关产业的融合发展，充分利用自身促进景区整体的持续繁荣，提升旅游综合效益，努力打造旅游业向“国民经济的战略性支柱产业和人民群众更加满意的现代服务业”发展的现实案例，率先实践了旅游业与相关产业的融合发展，拉长、扩展旅游产业链，形成独具特色的“商务旅游”发展之路。

2.8.3.1 “政企联动”的开放式管理

金鸡湖景区管理立足商务旅游、开放式等特点，持续推进管理创新，建立了“政企联动”的开放式景区管理模式，成立了金鸡湖景区管理中心作为景区监管部门，联动属地企业、公安、交警、城管、市政等单位实施景区日常管理、游客服务、宣传推广、节庆活动、综合执法等相关工作。

2.8.3.2 高标准的基础服务建设

金鸡湖景区立足开放式景区管理，持续强化旅游公共服务设施建设，提升、完善游客服务，在景区东南西北主入口建设4个一级游客中心，在李公堤、艺术中心、时代广场、摩天轮等景点内设置4个二级游客中心，为游客提供各类咨询服务；景区持续推进“厕所革命”，在现有21座公共区域旅游厕所（实现A级旅游厕所标准全覆盖）、246个商户卫生间基础上，建立“厕所革命”年度推进计划、强化配置和管理；景区设置多种内部交通工具，方便游客出行，包括李公堤小火车、金鸡湖水上巴士、绿色单车等。同时，以智慧景区建设为手段，通过“线上游客统计”“线上综合管理”等强化景区管理、游客服务。

2.8.3.3 融合、推进全域旅游创新发展

为实现旅游资源、旅游产品的融合，连点成片，形成具有园区品牌特色的旅游产品体系和精品旅游线路，以金鸡湖为中心的苏州工业园区还大力推进“旅游+”，形成新型研学、养老、休闲和健身等模式，从而实现旅游产业与园区其他产业间的互融共赢。

经过近两年的发展，环金鸡湖商务旅游集聚区已经成为苏州市“四大旅游核心区”之一。金鸡湖景区立足“大旅游”“大经济”格局，“会、展、食、住、行、游、购、娱”多业态集聚、多要素融合，旅游与相关产业协同发展，景区与园林古城交相辉映，向海内外游客充分展示国际商务旅游目的地的独特魅力。

金鸡湖景区立足商务旅游、开放式等特点，创新建立了“政企联动”的开放式景区管理模式，编制了国内第一个商务旅游行业标准，不断推进

旅游与相关产业融合、持续提升景区建设与管理，为国内开放式景区的管理、商务旅游发展提供了示范、借鉴。

2.9　沂蒙山银座天蒙旅游区：人文生态运营

2.9.1　景区概述

沂蒙山银座天蒙旅游区地处沂蒙山山脉东段，山东省临沂市费县北部，是沂蒙山旅游区的核心景区和重要组成部分。现沂蒙山旅游区为国家5A级旅游景区、国家森林公园、国家地质公园、省级风景名胜区。

沂蒙山银座天蒙旅游区总面积约240平方千米，核心片区96平方千米，是一处融山地生态旅游、运动休闲旅游、民俗文化旅游、生态农业旅游和休闲度假旅游为一体的综合型人文生态旅游度假区。

2.9.2　品牌打造

2.9.2.1　资源优势

沂蒙山银座天蒙旅游区环境优美，资源丰富，有蒙山第三高峰望海楼，有“天然氧仓”“天然动植物园”塔山森林公园，是世界知名的山东民歌沂蒙山小调诞生地，有道教名观玉皇庙、德式天主教堂华德胜山庄等自然和人文景观几十处。大部分处于初级开发和尚未开发阶段，保护完好。沂蒙山在全国具有较高知名度，在山东省的山地旅游资源中，蒙山仅次于泰山，居第二位，具有较大的品牌优势。

2.9.2.2　品牌提升

旅游区总体定位：以蒙山山水文化资源为依托，以地域民俗文化为特色，集山地生态旅游、运动休闲旅游、民俗体验旅游、生态农业旅游和休闲度假旅游于一身的综合型人文生态旅游度假区。总体目标定位：引领沂蒙、示范山东、中国一流、国际标准。沂蒙山银座天蒙旅游区始终坚持“高起点规划设计、高标准建设、规范化运作和专业化运营”。

2.9.2.3　活动引领

有节造势，无节造节，使旅游区月月有活动。充分利用春节、清明节、端午节、劳动节、中秋节、国庆节等传统节假日，开展丰富多彩的营销活动，先后举办了新年祈福大法会、天蒙山新春民俗大庙会、快乐女神节、植树节、开山祭祀文化节、五一蹦极活动、端午飞越第一桥、小调音乐节、金秋栗子节等活动。同时，旅游区另辟蹊径，创意造节，以创意驱动营销，举办了男人节、毕业季、银座商城会员活动日等大型活动。

2.9.2.4　网络营销

重点采用微信、微博等线上方式进行宣传，加强线上与线下融合，整合传统媒体、自媒体和新媒体资源，以活动为依托，开展多层面、多角度营销宣传。

2.9.2.5　智慧景区

建立智慧天蒙票务综合管理平台、智能化安全视频监控系统、LED 大屏幕信息发布系统、智能背景音乐系统、停车场智能引导系统和无线 AP 网络共享系统等六大系统，实现了旅游区管理安全、监控、指挥、调度等信息化管理与监控。

2.9.3　高规格的品牌打造

在景区开发中，沂蒙山银座天蒙旅游区始终坚持“高起点规划、高标准建设、规范化运作和专业化运营”。

2.9.3.1　高起点规划

先后聘请美国 AECOM 公司、北京大学大地风景旅游规划设计院、清华大学古建设计研究院和北京土人规划设计院等国内外一流规划设计机构，按照国家 5A 级旅游景区和国家级旅游度假区的标准对旅游区进行规划设计。然后又聘请多位专家对规划进行反复论证，确保总体规划的前瞻性、创新性和可操作性。

2.9.3.2　高标准建设

根据总体规划，高质量地建设了标志性文化景观建筑望海楼，恢复了明代道观玉皇宫，建设了原生态的沂蒙山小调诞生地博物馆，修建了世界第一的人行悬索桥，引进了世界最先进的索道设备，建设了集奇、秀、险于一身的江北第一悬崖栈道，挖掘整理了 40 万字的《蒙山文化》，打造了文化景点 40 余处。

2.9.3.3　规范化运作

先后完成了环评、林业、土地、水土保持、地质灾害、立项等多项审批手续，沂蒙山银座天蒙旅游区项目先后被列为山东省重点建设项目、山东省服务业重点项目和山东省文化产业重点项目。

2.9.3.4　专业化运营

通过创新采用顾问＋驻场辅导的合作模式，与国内先进的旅游投资公司北京巅峰旅投、上海景域合作，充分学习顾问公司的先进经营理念和管理模式，培养景区管理团队，并根据景区实际编写了运营管理、市场营销、园务管理、安全管理等9本标准化手册，应用于景区的日常经营管理中，景区运营管理进一步标准化、规范化，服务更加优质化。

沂蒙山银座天蒙旅游区一期总投资10亿元，于2016年7月16日正式开园。2016年，在开园不到半年的时间里，天蒙旅游区累计接待游客33万人次，收入3100万元。2017年，旅游区开园的第一个完整年度，天蒙旅游区累计接待游客105万人次，收入8100多万元，取得良好的社会效益和经济效益。同时旅游区的带动作用也初步显现，一是直接拉动周边乡镇村民的脱贫致富，二是拉动了基础设施建设和周边环境的改善，三是直接带动了周边景区的发展。

沂蒙山银座天蒙旅游区的旅游资源并不突出，区位也并不优越，但作为新开发的山地旅游景区，却在开园的第一个完整年度实现接待游客过百万人次，收入8000多万元，成为山地旅游的一匹黑马。

2.10　大连金石滩：诚信文明

2.10.1　景区概述

大连金石滩景区位于辽东半岛黄海之滨，距大连市中心52千米，其陆地面积52.9平方千米，海域面积58平方千米，海岸线长30千米，由东部半岛、西部半岛和中部沿海开阔地带组成。是国家5A级旅游景区、国家级风景名胜区、国家地质公园，2012年被美国CNN电视台评价为中国40个最美景点之一。2014年，跻身“国家海洋公园”行列，荣登“2014旅游业最美中国榜”。2015 年获“国家生态旅游示范区”称号。

大连金石滩旅游集团有限公司于 2008 年 4 月挂牌，是金石滩景区内融旅游、餐饮、住宿、娱乐、购物、交通为一体的旅游资源开发、管理与经营的国有企业。多年来集团公司形成了以金石文化博览广场为代表的人文景观产业集群、以滨海国家地质公园为代表的自然观光产业集群、以十里黄金海岸为代表的滨海休闲度假产业集群。

2.10.2 产品研发

金石滩的旅游资源丰富，延绵 30 多千米长的海岸线，凝聚了 3 亿 ~9 亿年地质奇观，被称为“凝固的动物世界”“天然地质博物馆”、有“神力雕塑公园”之美誉。金石文化博览广场是融文化展示与体验、商业配套、游客服务、广场休闲、会展交易、特色教学为一体的综合性文化休闲场所。金石滩景区整体的旅游产品开发涵盖以下三大主题。

2.10.2.1 自然金石滩

金石滩三面环海，呈元宝状。最著名的十里黄金海岸，沙软滩平、夏季游客如织、水质清澈，同时还是中国北方最大的也是唯一的天然海水灯光浴场，被国家海洋局评定为全国 16 大“健康型”浴场之一。

2.10.2.2 人文金石滩

包括金石蜡像馆、毛泽东历史珍藏馆、石文化博览园、生命奥秘博物馆、奇幻艺术体验馆、球幕体验馆、华夏文化博物馆 7 个核心展馆，并配以美食广场、购物中心、展示中心和多功能厅等加强与游客互动性的内容。

2.10.2.3 活力金石滩

金石滩举办的活动有夏季的沙滩文化节、冬季的冬泳节等。汽车露营地是国内首家汽车露营地示范基地，有沙滩汽车露营地、草坪露营地等。此外景区内旅游项目丰富多元，建有发现王国、狩猎俱乐部、高尔夫俱乐部、国际会议中心、温泉会馆、酒店等项目集群，是中国东北地区休闲度假的理想目的地。

2.10.3 重视企业社会责任，加强精神文明建设

大连金石滩旅游集团有限公司注重将物质文明、政治文明、精神文明、生态文明建设有机结合，积极塑造文明、诚信、优质、高效的窗口服务形象，传承优秀的传统道德文化，营造文明、秩序、和谐、友善的社会氛围。

2.10.3.1 创“文明旅游在行动”优秀品牌

集团公司不断完善文明旅游制度建设、服务体系建设，通过教育培训、强化监管、争先创优等手段，全面提升景区旅游服务形象、服务质量。要求辖区经营者明码标价、诚信经营，并成立联合旅游综合治理队伍，整治违法行为。通过张贴宣传海报、文明提示语、开展“文明旅游市民徒步大会”等丰富多彩的文明旅游活动，使“文明旅游”理念深入人心。2017 年集团公司“文明旅游在行动”活动获大连市精神文明建设优秀品牌称号。

2.10.3.2 迎接互联网时代

加大诚信、文明宣传力度，集团公司积极采取“互联网＋文明”模式，利用微信、微博、企业网站、直播等渠道进行文明宣传，每年推送信息近 500 条，覆盖人群近 20 万人。

2.10.3.3 加强诚信、文明景区的创建工作

集团公司成立由董事长任组长的金石滩旅游集团精神文明建设工作领导小组，并积极组织开展文明礼仪、道德讲堂等学习教育活动，提升职工的思想政治素养。集团公司通过完善规章制度、职工考评体系等手段，强化职工的自我监督和社会监督力度。集团公司在清明、中秋等传统节日组织职工开展登高、岗位技能竞赛、篮球赛等文体竞技活动，还积极组织开展“送温暖”“文明餐桌 · 光盘计划”等活动，同时公司更是将企业发展成果惠及广大市民及游客，除黄金周推出惠及各地游客的各项门票优惠政策外，每年开展“冬季旅游惠民季”“民俗文化节暨年货大集”等活动，向市民、游客弘扬中国传统文化、倡导文明新风。2017 年各景点无重大有效投诉，游客满意率高达 98%，集团公司也荣获 2017 年“全国文明单位”

荣誉称号。

2.10.3.4 经济效益及社会效益双收

集团公司经营收入每年以20%的比例增长，同时不断加强景区服务设施及精神文明宣传的投入力度，职工精神文明建设成果显著。自2006年起累计向贫困学生捐款达30多万元，职工累计拾获手机、相机、钱包等遗失物品近千件，价值近百万元，并全部归还失主。通过组织“大连国际沙滩文化节”“大连国际徒步大会”等国际赛事活动，将社会主义核心价值观、社会公德、文明旅游等内容贯穿其中，向社会各界宣传文明风尚，每年覆盖人群近百万，产生了良好的经济效益及社会效益。

大连金石滩景区以“旅游形象、旅游资源、旅游品质”三大提升战略为抓手，致力于将旅游这一美丽经济、健康产业、幸福产业做强、做大。

第四部分 景区科技创新篇

1　科技创新驱动旅游景区新变革与新活力①

作为国民经济的战略性支柱产业，旅游业在促进区域经济发展中的显著作用不言而喻。鉴于旅游产业的链条性和多元性，旅游科技创新涉及旅游产业发展的各个方面，包括旅游产品开发、旅游市场营销、旅游日常管理等诸多领域，可以覆盖旅游者游览全过程，包括出游前的信息查询和票务预订，出游过程中所需的玩乐服务，以及出游后的经验分享和意见反馈等。《“十三五”旅游业发展规划》(国发〔2016〕70号)明确提出，“大力推动旅游科技创新，打造旅游发展科技引擎”。

旅游景区是推动区域旅游业发展的第一动力，在区域社会经济发展中具有举足轻重的地位。如何通过科技创新引领消费时尚，丰富游客体验，对景区的提档升级至关重要。为了让旅游景区焕发出新活力，进一步发挥并扩大旅游景区的综合效益，给旅游景区插上科技创新的翅膀成为灵丹妙药。全国大量的旅游景区实践案例表明，以科技创新为主要动力的融合发展已经成为不可阻挡的潮流。科技创新为旅游景区发展提供了广阔的提升空间，已成为我国旅游景区创新发展的首要驱动力。

1.1　科技创新与旅游景区发展的互动关系

景区科技创新是指旅游景区根据自身的发展需求和特点，采用新的生产方式，应用或创造新技术，在经历了研发、测试、标准化制作、商品化生产等阶段后，提供新服务的动态变化过程。科技创新可以有效延伸旅游景区游览项目与价值链，延长旅游者停留时间，已然成为传统旅游景区焕

① 本章作者为刘家明，中国科学院地理科学与资源研究所研究员、博士生导师；张书颖，中国科学院地理科学与资源研究所，博士研究生。

发活力以及新兴旅游景区创建的重要手段；同时，旅游景区智慧发展的需求也会激励高新技术不断拓展在旅游产品、旅游服务、旅游管理等方面的创新应用。

1.1.1 科技创新助力旅游景区发展

科技创新是旅游景区发展的生命所在，不仅有助于丰富旅游景区游览项目，提高旅游景区服务效率，增强旅游景区市场竞争力，也有助于优化我国旅游景区的构成，促进我国旅游景区由粗放型利用向集约型利用的全面升级。以科技创新撬动旅游景区经济，推进智慧旅游、全域旅游及“旅游+”等理念的贯彻实施，是现代旅游景区安身立命的根本。移动互联网让游客更加精准地获取旅游景区信息；电子商务和移动支付提供了便捷的消费方式；依托人脸识别技术的自助检票精减了旅游景区员工数量；大数据技术为旅游景区市场监管提供了可靠的数据支撑。主题公园、游乐园、综合科技馆、专题科技馆、科技旅游示范基地多数是应用科技手段创造出的新兴旅游景区。传统景区实现智慧化管理、创建虚拟或现实的新兴旅游游览项目，多数也是借助科技创新实现的。此外，玻璃桥、观光电梯、光影表演、夏季滑雪等旅游项目也深化了游客的体验度，丰富了旅游景区的业态。科技创新使旅游景区发展趋向多元化、成熟化和高端化。

1.1.2 旅游景区是科技创新传播的重要载体

旅游景区是地方社会、经济、生态、文化形象展示的重要窗口，是科技创新传播的重要载体。旅游景区的污染水体的治理、裸露山坡的生态护坡、地方文化的现代展示、导游词及解说牌的去瞎编乱造化倾向、自然教育及弘扬文化，都成为科技创新传播的主战场。旅游景区是科学技术应用的重要领域之一，旅游景区的智慧化发展离不开科技创新的进步。旅游景区虽然不是技术创新的原动力，但可以根据自身的发展特色和需求，积极引导科学技术创新的方向，使其转化为旅游产品或旅游服务，更好地提升游客满意度。例如，为了满足游客的猎奇心理，旅游景区不断推出立体旅游项目，利用虚拟现实技术将历史场景、著名景物甚至是极地、深海、太空等人类目前难以自由抵达的地点进行场景拼接，突破时间和空间的限制，为游客提供直观有趣的多维度互动体验。诚然，旅游景区的发展以社会发展为依托，在社会进步的前提下，对科技创新的应用起到引领调适作用。

1.2 我国旅游景区科技创新的探索

自改革开放以来的短短40年时间，我国旅游景区科技创新应用水平取得了突飞猛进的跨越式发展，从一无所有到全方位的应用，紧跟科技进步的潮流，极大地缩短了与欧美西方发达国家的差距，在一定程度上还出现了有中国特色的创新发展。

1.2.1 构建旅游景区发展的技术支撑体系

纵观我国旅游景区科技创新发展情况，可划分为信息化科技、设施配置科技和资源与环境保护科技、IP成果旅游转化科技四类（见表1），由此构成的科学技术支撑体系推动了情景式、参与式、互动式体验旅游的快速发展，为各种旅游细分市场提供了合适的游览项目和旅游体验，提升了旅游景区的质量档次，促进旅游景区的转型升级。

表1 景区科技应用分类

类别	应用领域	举例
景区信息化科技	互联网信息	景区网站、网络虚拟旅游、在线服务等
	景区服务	电子地图、信息化救援、电子票务、智能监控、无线射频识别技术、磁卡系统等
	空间信息系统	遥感系统、空间定位等
景区设施配置科技	游乐设施	主题公园游乐设施、全景展示技术、旅游影视等
	保障设备	信息触摸屏、语音导览系统、缆车、索道技术、房车、游艇等户外设施与装备等
资源与环境保护科技	文物保护	文物修复技术、智能空调系统等
	节能减排	智能照明系统、风、光等清洁能源使用、生态厕所等

续表

类别	应用领域	举例
IP 成果旅游转化科技	虚拟体验	VR、AR、4D 体验场馆等
	文化盛宴	“印象”系列、“又见”系列、“千古情”系列等

1.2.2 丰富旅游景区游览内容

科技创新应用极大地改变了“白天看庙，晚上睡觉”单调乏味的游览方式，促使旅游景区实现对产品和服务的进一步调整，有助于摆脱观光旅游方式的束缚，利用高新技术打造新奇的旅游演绎和体验项目，完善关联的消费休闲业态，丰富景区活动。马仁奇峰景区自 2016 年起致力于打造“我参与 我体验 我快乐”的体验式精品旅游景区，增添玻璃桥、玻璃栈道、森林滑水、观光缆车等多个娱乐体验项目。作为景区核心项目的“飞龙玻璃桥”，通过智能化设计，全程自动感应互动可营造“玻璃破碎”“空中玫瑰”“飞龙吞云吐雾”等绚丽特效体验，是国内首座带有特效的玻璃桥。而另一核心项目玻璃栈道实为国内首座带有天梯的玻璃栈道，有“绝壁天梯”之称。新增游乐项目充实了马仁奇峰景区的业态，提升了景区核心竞争力，促使其成为体验式旅游精品景区。由此可见，科技创新确实已经成为推动景区转型升级最为活跃的因素和主要竞争力。

1.2.3 创新旅游景区盈利模式

科技创新能够通过科学合理的规划设计，构建具有不同功能的多元休闲旅游体系，帮助传统旅游景区跨时间、跨空间的激活产业价值，从而进一步扩大旅游消费的刚性需求。具体来讲，以科技创新为支撑，旅游景区可以合理配置资金，打造并延长旅游产业链，构筑牢靠的产业衔接体系。野三坡旅游景区智慧旅游平台具有实时监控、信息采集、信息共享等功能，从旅游景区管理、服务游客、数字营销、模拟旅游等角度提供全方位的智慧服务。为了解决传统中运量交通制式问题，中国中车有限公司研发了具备“主动防护”功能的“智轨列车”，不仅具有投资小、运量大、周期短的优势，同时实现了景、车、路的高度和谐统一，提高了旅游景区交通管理水平和游客满意度。成都动物园的电子票务系统扩展了旅游景区售票渠道，实时监控客流量保障安全，也可通过大数据精准分析游客数据，为旅游景区营销提供依据……旅游景区内部及外部的资金流动与游客的行为活动息息相关，旅游景区的盈利模式也深受其影响，因此，借助科技创新活跃景区上下游产业联动关系，对激活旅游景区相关产业，完善盈利机制，升级盈利模式起到推动作用。

1.3　旅游景区科技创新的趋势

旅游景区要想提高自身生产力水平，必须主动占领科技创新的制高点，这是我国旅游业发展的战略要求。但目前呈现诸多问题，如地理分布不均衡、本土特色不鲜明、开发资金不足、专业人才缺乏等，为充分发挥科技创新对旅游景区的带动作用，如何有效促进二者融合依旧是重要任务。

1.3.1　连接智能化

信息化时代使各类信息瞬时即达，旅游景区需要精准提取行业相关信息，打破信息孤岛，实现数据共享。更为重要的是，旅游景区通过全球网络连接带来的数据智能，实现跨部门、跨行业、跨地域的信息整合，稳抓市场痛点，并以此为依据制定科学合理的经营战略，提升旅游景区竞争力。

1.3.2　服务人本化

旅游景区是面向游客而开设的，旅游景区服务需要满足游客需求。在旅游景区科技创新的研发和应用过程中，要坚持以人为本，充分考虑游客偏好和习惯，创造舒适的服务项目。例如，双向沟通的信息交互界面及有助于实现人机无缝对接的语音技术，将大大提高机器人导游的服务质量。

1.3.3　体验特色化

旅游景区在进行科技创新发展的过程中，一定要把握自身独特性，立足文化理念，拓展文化内涵，打造具有文化品牌效应的精品旅游项目，切勿随波逐流，博取短期利益。黄鹤楼景区主动走进校园，向莘莘学子展示黄鹤楼的古今历史和武汉的人文底蕴，加深对黄鹤楼文化的认识，从而形成独特的旅游体验。

1.3.4 合作多元化

由于旅游景区涉及的人、事、物具有综合性属性，因此，在旅游景区进行科技创新需要多学科、多领域的互动协商。除了与政府、科研机构、科技公司、制造工厂，还需要和社会媒体、非政府组织等，构建战略合作关系，以保证顾及各方利益，寻求最佳方案，实现多方共赢。

1.3.5 人才专业化

科技创新支撑下的旅游景区升级要注重人才培养和管理水平的提升。在此背景下，旅游景区所需的高端专业化人才不仅要理解旅游景区的产业运转规律，还需要具备高新科技的相关知识。而旅游景区引进专业人才与团队的同时，也相应地提高了员工的整体素质和旅游景区的管理水平，是旅游景区进一步发展的基础和重要的软实力。

总之，科技创新的应用为游客提供了更多便利，同时也为旅游体验带来颠覆性变化，景区科技创新是寻求深度发展，保证市场地位的必要手段。各景区应保持与科技界的紧密联系，加快进行技术研发和创新，共同打造开放、多元、高端的旅游市场。

2　景区科技创新案例

2.1　智慧旅游平台：野三坡景区

2.1.1　野三坡智慧旅游平台简介

野三坡景区智慧旅游平台从规划到建设全过程一直秉承“特色鲜明、行业领先”的理念，总体建成了包括一张网、一朵云、三中心、六平台、26个子系统的符合全域旅游理念的国内领先智慧旅游平台新样板。

野三坡景区依托大数据应用，着力打造集管理、服务、营销、体验于一身的智慧化建设，完备的国内一流基础设施保障了景区全方位、多角度的大数据采集，通过互动投影沙盘、设备集中管理及综合指挥调度等平台的数据管理、分析，驱动更快更智慧的决策与行动，不仅提升景区日常运营效率，还针对应急事件及自然灾害做出相应管理预案设计，实现及时高效的应急指挥管理。为更好地实现智慧服务，野三坡景区建设了涵盖所有景点、餐饮、住宿、交通、购物等内容的旅游在线服务平台，导游导览APP及微信公众号，实现针对游客出游前、出游中、出游后全流程的便捷服务，让游客体验一站式旅游服务系统的人性化。野三坡景区拥有国内最完整的一体化智能营销推广体系，为旅游扶贫工作打下坚实的基础。

2.1.2　解决问题

通过视频监控系统、交通广播系统以及信息发布系统等实现了景区的智慧指挥功能，切实解决了节假日交通拥堵情况及突发事件的应急处理能力。

实现了客流量监测功能，对景区实时在园人数进行统计分析，对水情、火情的灾害进行有效预测与预警，提高了野三坡景区抵抗自然灾害和应对突发事件的能力。通过旅游大数据分析系统对数据进行分析和整理，为市场营销工作提供了方向。

建立了游客一站式平台，彻底解决了游客出游前、出游中、出游后的各类需求，同时大大缩短了游客购票排队入园的时间。

2.1.3 创新突破

率先构建了符合全域旅游理念的游客智慧化体验。如找厕所功能，游客到野三坡景区旅游时打开手机 APP，只需要三步就能导航至距离最近的厕所，为游客的出行带来了极大的便利；实现了智能行程规划、智能语意搜索、智能导游导览，让游客充分体会野三坡景区的一站式服务；一站式旅游服务功能的移动手机 APP，真正实现了一部手机玩遍野三坡。通过微信公众号，开拓市场新渠道，塑造景区品牌形象，增强与关注客户群的互动，进一步发展潜在客户。

率先构建了符合全域旅游要求的旅游产业监测体系。如旅游扶贫平台的建立为政府实现脱贫建立了从贫困人口识别、贫困原因分析，到应对策略制定、帮扶对象选择、监督机制建立等一整套完整的精准扶贫体系。

率先构建了符合全域旅游思想的全方位应急指挥体系。当遇到自然灾害或者突发事件，启动应急预案，实现交通、公安、医疗、消防等多部门联动，做到精准定位、实时监测、快速救援、有序疏散。

2.1.4 可推广内容

协助政府实现精准扶贫，建立了旅游扶贫大数据系统，为解决扶贫工作打下了坚实的基础，从贫困人口识别、贫困原因分析、到应对策略制定、帮扶对象选择以及监督机制的建立等实现了精准脱贫。

与行业管理部门、综合执法部门对接，全面了解野三坡景区及当地就业、收入、人力资源、生态建设、扶贫脱贫等情况，形成了从野三坡景区单点到全域的产业监测体系，实现了数据的共享，促进旅游业全面发展。

与公安、交通、消防部门各级联动，从突发事件和自然灾害的应对到疏导、救援形成了一整套完整的联动工作体系，将灾害和突发事故的危害控制在最低程度。

2.1.5 投入和产出情况

野三坡智慧旅游平台为前来野三坡景区的游客提供了方便、快捷的网上电子票购票体验，极大节省了游客入园等待时间，野三坡智慧化服务在提升游客信息获取及游览体验的同时，也加速了野三坡景区由单纯依赖门票经济向景区周边休闲度假型经济的转型，为全域旅游工作的开展打下坚实基础。

帮助景区主管部门及地方政府及时掌握当地经济、产业因素对景区运营带来的影响，准确评估景区带动型经济为涞水县其他相关产业发展所带来的收益。

智慧景区的建设有利于提高野三坡景区的知名度，带动景区全面发展，提高当地人民的经济水平，加大智慧化建设，有利于实现景区方便、快捷、高效的管理。

野三坡智慧旅游项目在全国山岳型5A级旅游景区的智慧化建设当中勇于创新，率先积累了大量的宝贵经验，并致力于打造具有国内领先水平的智慧旅游新样板。野三坡智慧旅游项目的建设目标是将野三坡智慧旅游平台建设成为今后五年引领国内智慧景区建设的标杆性项目，同时推动全国性景区大数据平台标准的建立。

2.2 个性化游览辅助系统：伪满皇宫博物院

2.2.1 景区简介

伪满皇宫博物院位于长春市宽城区光复北路5号，伪满皇宫是清朝末代皇帝爱新觉罗·溥仪充当伪满洲国傀儡皇帝时的宫廷遗址，占地面积13.7万平方米，是国内现存比较完整的宫廷遗址之一，是日本武力侵占中国东北、推行法西斯殖民统治的最典型的历史见证。伪满皇宫博物院是首批国家5A级旅游景区。伪满皇宫博物院建筑风格古今并陈、中外杂糅，具有典型的殖民性特点，在建筑风格上真实地反映出当时中国东北的特殊社会状况。伪满皇宫是日本侵略中国的产物，以其多重内涵、独特价值，真实地反映出中国封建社会末代皇帝的垂死挣扎，更见证了日本侵略东北，实行殖民统治的血腥与残暴，是中国近现代殖民文化的典型警示性纪念地之一。

伪满皇宫博物院推出的智慧景区个性化导览辅助系统是对景区原有传统游客服务的一次整合和升级，利用最新的移动端、人工智能技术给游客提供个性化、智能化的游览服务，支持游客参与互动评价和反馈，有效地提升了游客体验和院内的服务管理水平。

2.2.2 解决问题

伪满皇宫博物院作为一个宫廷遗址类博物院和国家5A级旅游景区，游客在游览的过程中需要了解景区背后的文化内涵和底蕴，但传统的景区信息服务，只能以固定、单向、模式化的方式来提供，无法针对游客的不同需求提供个性化的服务，也没有游客与景区、游客与游客之间的互动、反馈和交流，而且只能局限于在景区现场使用，对于有价值的内容无法深入研究。另外，传统的模式下景区服务内容过于单一，语音、视频、文字内容等更新方式落后，维护工作量大，游客使用体验不好。

2.2.3 创新突破

基于最新的移动开发和人工智能技术，充分利用广泛普及的个人智能手机和iPad等移动终端，开发出基于微信平台和原生APP的智慧景区个性化导览辅助系统，可以对接第三方实现景区周边交通、餐饮、住宿等信息服务。

通过在景区内部署ibeacon信标实现游客室内外精准定位。

提供基于位置的个性化语音讲解。

结合无线AP，安防摄像头实现游客的数量检测、分布热度和客流趋势判断。

基于行为习惯分析和群体画像技术提供个性化游览线路推荐和室内导航，优化游览体验。

提供信息服务的互动、交流功能，为现有服务增加社交属性，也能对服务内容做出评价和反馈，促进服务质量提升。

开发内容创作接口，提供一个优质内容生产、传播的平台，支持多样化的产生途径，既支持专业生产内容（PGC），也支持用户生产内容（UGC）。

2.2.4　可推广内容

在目前移动终端广泛普及、信息技术和人工智能技术飞速发展的大背景下，景区服务的个性化和智能化是发展的趋势，也是提升游览体验的必要手段。目前国内多数旅游景区还处于信息服务构建的摸索阶段，没有系统化的建设思路和顶层设计，市场上还缺乏成熟的商业化产品。

伪满皇宫博物院推出的智慧景区个性化导览辅助系统采取模块化的设计模型，接口化的开发实现方式，既可以对接到现有的信息服务系统，也方便扩充出新的服务模式。

这套系统支持以云服务方式使用，也可以完全本地化部署。对于文博、旅游等面向社会公众的行业，均可以部署使用，能改变传统的服务模式，有效提升客户的服务体验，增强行业竞争力，提高管理水平。

2.2.5　投入和产出情况

该项目建设因为涉及的业务过程复杂，需要多部门协作参与，基础的技术支撑架构也比较复杂，景区以院领导牵头成立项目组，联合高校和技术公司建立了产学研的合作机制，从项目论证到设计、开发等阶段均由业务部门、高校专家和技术人员共同参与，采用最新的移动端技术和数据存储架构。主要的成本投入包含以下三个部分：技术开发成本、私有云平台搭建、日常运维。通过项目的实施，对业务部门的业务管理水平是一个提高，游客的体验和满意度也得到提升，同时节省了传统服务在人力成本等方面的投入，以评价和反馈促进工作人员提高了服务意识和服务水平。

旅游景区提供智慧化、个性化服务是未来的发展趋势，以智慧旅游为主题，利用云计算、物联网、人工智能等新技术，通过互联网、移动互联网，借助手机、iPad 等移动设备在智慧服务、智慧管理和智慧营销三方面加强旅游资源和产品的开发和整合，能促进以信息化带动旅游业向现代服务业的整体转变。

2.3 走出去的创新："黄鹤楼文化进高校"

2.3.1 景区简介

黄鹤楼始建于吴黄武二年（223），是吴王孙权兴建的一座军事瞭望楼，距今已有近1800年历史。黄鹤楼文化底蕴深厚，自古以来便是"游必于是、宴必于是"的观赏楼和文化楼，在悠久的历史中见证了城市的发展与变迁，是历史文化名城武汉市最耀眼的符号。1985年6月，黄鹤楼公园重建开放，占地面积40.3万平方米，形成了东、南、西、北四大游览区域，涵盖了80余个景点，人文遗迹、诗词文化、建筑艺术、书法绘画都融入其中，形成了特有的古典园林景观。开放30多年来，黄鹤楼公园年游客量近300万人次，实现了良好的经济和社会效益，黄鹤楼悠久灿烂的文化也在不断弘扬和传播，先后荣获中国旅游胜地四十佳、全国文明单位等称号。

2.3.2 解决问题

黄鹤楼在漫长的历史中积淀了丰厚的文化底蕴，而这些辉煌灿烂的历史文化的传承与传播依然还有不足之处，通过"黄鹤楼文化进高校"活动，为黄鹤楼文化的传承找到了一条新路径。

武汉是大学之城，有高校100余所，在校大学生100余万，位居全国前列。大学生既是学术研究的重要力量，也是文化宣传的重要载体，创新"黄鹤楼文化进高校"活动，借助高校平台，大力推动黄鹤楼文化发展，也为广大高校学生更深入地了解黄鹤楼文化、武汉历史和楚文化提供了渠道。

2.3.3 创新突破

黄鹤楼公园自重建开放以来，游客量不断上升，这得益于整体旅游环境的变化和旅游行业的快速发展，更得益于公园自身所做的各项工作。黄鹤楼公园始终以"把游客当亲人"为理念，不断创新服务项目和方式，提升服务水平与质量，赢得了广大游客的认可与赞赏，但之前的服务重点是在园内，力争让来园的游客能够安全、快乐地游玩。

“黄鹤楼文化进高校”活动是黄鹤楼公园主动走进高校，去宣传黄鹤楼文化、黄鹤楼公园旅游特色、武汉历史等内容，去主动服务大学生，并为他们游览黄鹤楼和武汉市其他景区提供一定的优惠政策。同时该活动也是黄鹤楼公园为推动武汉市全域旅游发展所探索的一条新路径，通过联合汉秀、极地海昌等景区，形成强大的合力，不断提升整体服务能力。

2.3.4　可推广内容

中华民族历史悠久，中华文化辉煌灿烂，每个民族、地区、景区也都有自己的文化历史，文化的传承与发展也是实现中华民族伟大复兴的重要内容。“黄鹤楼文化进高校”这一活动模式也同样适用于其他的景区，广大景区可以充分利用高校这一平台，通过讲座、技术研发、学术研究等各种适合自身的模式，有效促进文化传承、技术创新、服务创新、营销模式创新等。另外，黄鹤楼公园还将打造“黄鹤讲堂”，让黄鹤楼文化走进中小学，让广大学生认识黄鹤楼文化，并以此为桥梁，更加深入地了解传统文化，树立文化自信，这一模式也可以在其他地区进行推广运用。

2.3.5　投入和产出情况

“黄鹤楼文化进高校”是黄鹤楼公园文化发展的创新举措，受到了武汉市政府、市园林和林业局等相关上级单位的重视，受到了在汉高校的大力支持和广大学子的热烈欢迎，各大媒体积极宣传报道，引起了强烈的社会反响，为广大学子、游客了解黄鹤楼文化、武汉历史和楚文化开辟了一条新路径，为推动“百万大学生游武汉”和区域旅游发展贡献了力量，以极少的投入换来了不可估量的效益。

“黄鹤楼文化进高校”活动的顺利开展经验：一是得到了上级单位的大力支持与指导；二是得到了广大高校的大力配合；三是深入挖掘自身的优势资源；四是不断思考，转变服务思维，创新服务模式；五是顺应时代的趋势，奠定良好的群众基础；六是营造立体的宣传体系。

顺应时代发展的趋势，立足自身资源的优势，坚持“把创新作为企业发展驱动”的理念，不断创新思维、创新模式、创新方法，整合一切有利的资源，利用一切可行的平台，不断创新服务方式，持续提升服务品质，为更广大游客提供更优质的体验，为黄鹤楼文化、楚汉文化的传承与区域旅游的发展开辟新的路径。

2.4 “走动式管理与主动式服务”模式：东部华侨城

2.4.1 景区简介

东部华侨城位于广东省深圳市大梅沙，占地近9平方千米，是由华侨城集团斥资35亿元精心打造的世界级旅游度假目的地，是首个“国家生态旅游示范区”。

东部华侨城是国内首个集休闲度假、观光旅游、户外运动、科普教育、生态探险等主题于一身的大型综合性国家生态旅游示范区，主要包括大峡谷生态公园、茶溪谷休闲公园、云海谷体育公园、大华兴寺、主题酒店群落、天麓大宅六大板块，体现了人与自然的和谐共处。华侨城以“规划科学，功能配套齐全，城区环境优美，风尚高尚文明，管理规范先进”为规划，以“让都市人回归自然”为宗旨，定位于建设成为集生态旅游、娱乐休闲、郊野度假、户外运动等多个主题于一身的综合性都市型山地主题休闲度假区。

2.4.2 解决问题

“走动式管理与主动式服务”管理模式，使管理者能第一时间掌握景区的基本情况，解决了坐在办公室管理景区的弊端；体现了景区对服务方面的高度重视，如有游客对景区、工作人员有所建议，管理者能第一时间知晓。

强化“走动式管理与主动式服务”的管理模式解决了不少景区游客意见没人理睬的弊端。落实东部华侨城优质服务工作计划，加强员工对优质服务工作的认识，实现全员参与优质服务工作；完善员工激励考核制度，加强员工激励，实现精神激励与物质激励相结合；提高员工工作积极性和工作热情，提升服务水平。

2.4.3 创新突破

实行走动式管理，深入景区全区。完善行政值班制度，拓展领导阶层工作内涵，职责到位。使领导班子成员走进一线、走近游客、加强沟通、关注需求、发现问题、提供服务平台。

在走动式管理基础上深入景区，了解一线员工的工作现状，进行具体指导，质量把关。深入谈心，了解员工心声，及时给予关心支持、疏导和建议。谈心做到有目标、有对象、有指标。每周不少于两人次的谈心。做到：引领指导、过程支撑、互动评价。深入值班制度，每周每天固定领导巡园，实行每天值日制，树立全面管理的意识。一天值日具体做到早上、中午、下午三个时段的深入、巡视，并认真做好记录，及时做好沟通、交接工作。了解景区及工作人员状况，获取信息、协调调整。为员工提供培训、展示机会，加强方法上的培训指导，使不同能力不同特长的员工都有展示的机会。

2.4.4　可推广内容

"走动式管理与主动式服务"管理模式能广泛运用于一线服务岗位、各个旅游景点、主题公园等。也可加强对领班等基层管理人员的管理。

2.4.5　员工激励：点赞活动

2.4.5.1　活动形式

点赞活动以自然月为一个周期，点赞人通过现场巡查进行点赞并将点赞卡赠予被点赞人。

2.4.5.2　活动流程

每位点赞人通过现场巡查为优质服务点赞，并将点赞卡赠予优质服务相关当事人。

将点赞活动与激励考核制度挂钩，每获得一张点赞卡将为个人考核积分增加相关分数。

员工收到一定的点赞卡数将可享受相应的员工福利。

2.4.5.3　相关要求及注意事项

点赞卡需在服务与管理现场赠出，并在点赞卡上注明被点赞人、点赞时间、点赞地点、点赞原因等。

每张点赞卡仅计分一次，且仅在当月有效。

每月点赞方需将点赞卡全部赠出。

需要实事求是，坚持执行。

2.5 飞龙高空玻璃桥：马仁奇峰景区

2.5.1 景区简介

马仁奇峰景区位于长江南岸安徽省芜湖市，在安徽省繁昌、铜陵、南陵三县交界处。居皖南旅游带中部，素有皖南门户之称，为芜湖市唯一的国家级、省级森林公园。2006 年 12 月，马仁奇峰景区被评为国家 4A 级旅游景区。2007 年 12 月被评为国家级森林公园。

马仁奇峰景区属亚热带气候，全年气候温和，有雕、环颈雉、獐、鹿、大鲵、白面狐、穿山甲、松鼠等动物；有植物 68 科 600 余种，有天然木本花草数十种，森林茂密，覆盖率达 95%，四季常青。

景区山势突兀，地貌独特，形象逼真的奇峰异石、嘉木修竹、珍禽异兽、古寺鸣泉构成了马仁奇峰幽、险、秀、奇四大特色景观。马仁奇峰素以奇峰、奇壁、奇柱、奇洞、奇屋、奇树六大奇观著称。

马仁奇峰山体南北走向，山脊线呈 W 形，景区分门楼、马仁寺、太阳山、月亮山、楠木林等五个景段，风格各异，景色秀丽。整个马仁奇峰景区由太阳山、月亮山两座山峰组成，两山既相对又相连，一阴一阳，相映成趣。奇峰迭起，形象逼真。峰石俊秀，林木森森，是八百里皖江风情画廊中一幅美妙的山水佳作。

马仁奇峰区位优越，交通便捷，距上海 438 千米、南京 150 千米、合肥 180 千米、宣城 80 千米、芜湖 50 千米，国道 318、205 穿境而过，建设中的沿江高速公路出口距景区只有 20 千米。

2.5.2 飞龙高空玻璃桥

马仁奇峰“飞龙高空玻璃桥”横跨马仁奇峰太阳山与主峰之间，连接绝壁天梯、玻璃栈道，共同组成了一个高空体验观景胜地，全长 388 米，垂直高度 180 米。

“飞龙高空玻璃桥”是全国首座通过国家检测中心质检的玻璃桥，也是全国唯一玻璃桥和玻璃栈道双重组合的高空体验项目。

两条巨龙盘踞玻璃桥两端，通过智能化设计，全程自动感应式互动可使巨龙“张牙舞爪”，气势磅礴。游客置身于玻璃桥，巨龙可吞云吐雾，与游客进行趣味互动。除了白天的险峻伟岸，夜晚的“飞龙在天高空玻璃桥”在灯光的点缀下显得更为壮观，震撼无比。飞龙玻璃桥下，万株楠木，宛如一幅“飞龙天桥看楠海、快乐体验游马仁”的绝妙画卷！

马仁奇峰飞龙高空玻璃桥不仅是华东首座高空玻璃桥，而且是国内首座带有特效的玻璃天桥，两条飞龙盘踞天桥两端，用它们“独特的方式”欢迎各方游客来到它的地盘。飞龙一声吼，你在桥上抖，人抖桥也抖！这座玻璃桥可是一座会摇晃的天桥！除了步步惊心，天桥之上更是专业增添了体验特效，为全国首座会“碎”的玻璃天桥。是全国唯一飞龙高空玻璃桥+绝壁天梯玻璃栈道双重心跳高空体验项目，绝壁天梯层层高，飞龙天桥步步险，挑战极限。

2.5.3 取得效果

由于景区新开发建设的“绝壁天梯玻璃栈道”项目于2017年1月试运营，3月正式对外开放，市场反响强烈，游客量大幅增长，加上景区在南京成立营销总部，配备18名营销员，以渠道、直客和互联网多种模式进行营销市场开发，营销团队效果显著，团队游客人数也相应增加，景区收入上升，同时也带动餐饮和住宿收入的增长。

在2017年一季度，随着景区投资建设的“绝壁天梯玻璃栈道”的开放运营，加上互联网宣传工作的有序推进，景区游客量出现暴增局面，一季度景区游客量12.63万人次，同比上升420.69%，实现营业收入1170.39万元，同比上升289.26%，一季度实现净利润444.95万元。

2.6 解决景区交通的新型轨道交通：中车智轨

2.6.1 公司简介

中车株洲电力机车研究所有限公司（中车株洲所）始创于1959年，前身是铁道部株洲电力机车研究所，现为中国中车股份有限公司一级全资子公司。作为中国高铁核心技术拥有者，中车株洲所全面对接“交通系统绿色化”的国家战略，形成从芯片到器件再到系统和整机的完整技术链和产业链。

2.6.2 项目简介

智能轨道快运系统（简称“智轨”，英文为 Autonomous Rail Rapid Transit）是中车株洲电力机车研究所有限公司自主研发的一种使用具有轨迹跟随能力的全电驱动新型胶轮列车作为运载工具的轨道交通运输系统。其是现代有轨列车的一种全新的技术形式，具有项目建设周期短、基础设施投资小、调度灵活的特点，是兼顾了运能与成本的新型中运量轨道交通系统解决方案。

智能轨道快运系统包含车辆、地面供电系统（支持多种供电方式）、信号系统、站台门系统、售检票系统、控制中心及其他各子系统；该系统为现代有轨列车的标准配置，确保运输效率。

“智轨”列车采用三节编组，全长 31.64 米、宽 2.65 米；最小运营转弯半径 15 米，最小运营转弯半径下通道宽度 3.8 米，双向行驶，最大载客量为 307 人；满载重量 51 吨，运营车辆可根据景区运力需求灵活编组，设计最高时速为每小时 70 千米，使用寿命超过 25 年。列车采用虚拟轨迹、多轴转向系统进行轨迹跟踪控制，确保行驶轨迹可控且不受编组数量影响。

2.6.3 解决景区交通难题

2017 年中国内地游客在境内外的旅游人数达到创纪录的 51.3 亿人次，这一数字相当于中国 13.8 亿人口的 3 倍多。中国的旅游总人数在全球名列榜首。这些数字虽然让业者振奋，但一到出游的高峰期，所有的景区道路都是车满为患，拥堵不堪，大家出行体验下降明显是不争的事实。如何提高景区交通系统的科学管理水平，已成为急待解决的问题。

近年来，随着旅游规模的急速扩大，自助游、自驾游爆发式增长，公交、大巴及社会车辆占用过多的景区道路资源，由于景区道路情况本身复杂（客流、车流、驾驶习惯等因素），很难在现有状态下，改变道路状况。在对于景区的研究过程中，中车株洲所总结认为，景区的交通存在一些问题：一是缺乏系统的旅游交通工具，导致自驾车辆增多，挤压景区道路资源。二是缺乏合理布局的停车场，车辆停放不科学使拥堵成为常态。三是部分景区道路受日益增多的车流、客流影响，交通秩序混乱。四是管理有序的景区，在客流量大的时候，传统公交系统不能满足要求。如何紧急疏散成为景区交通管理的重要问题。景区急需一种新型节能环保、基础设施要求低、适应性强、性价比高、中等运量的交通解决方案。

中车株洲所自主研发的智能轨道快运系统能满足景区游客快速运输（到达、转移）的需求，能有效保护景区资源及环境，减小环境影响，能提升景区品位和旅游业发展升级，能提高景区收益，使利益最大化。

“智轨”作为一款和公路建设密不可分的轨道交通新制式，不但具有投资小、运量大、建设周期短的优势，还让景、车、路高度和谐统一。其在景区内的建设运营具有以下几点优势：

投入成本低。无须铺设钢轨，对道路破坏性小；可借助现有的道路交通管理系统，在运输道路上的信号系统无须大批量、大投入的改造。

基础建设周期短。以绘制地面标志线代替钢轨铺设，施工期短；可借用景区现有道路运营，预计从项目立项到全部运力上线仅需 12 个月。

运营灵活、适应性高。无须铺设钢轨，可采用共享路权方式，运营线布置灵活；转弯半径小，双向行驶，可以在景区相对狭窄的道路运行，满足景区游客快速运输（到达、转移）的需求。

智能轨道快运系统可布局在特定园区内的观光型公共交通系统；适用于景区到城市中心的接驳；承担城市特定功能区或特定走廊客运系统的骨干；布局在中小城市，承担城市客运系统的主体或骨干；布局在大城市，承担大运量轨道交通系统的补充、加密及接驳功能。

“智轨”列车可灵活编组，适应景区淡旺季需求差异，适应游客个体化交通倾向，提升服务效率与质量，满足游客需求；目前景区实行停车收费，未来乘客停车后需购票乘坐接驳工具前往核心景区，在原有基础上增加额外（购票）收入；有效保护景区资源及环境，减小环境影响，解决环境保护的压力及环评的问题。相较于传统制式轨道交通系统，“智轨”系统立项、审批更容易通过，地铁、单轨等需国家层面审批，“智轨”可由省一级或景区自主审批采购。

智能轨道快运系统是一款和旅游景区公路建设密不可分的轨道交通新制式，具有投资小、运量大、建设周期短、环境友好等优势，是能够兼顾运能与投资的中运量交通运输系统。智能轨道快运系统还能够为景区的公路建设以及交通管理带来新的活力，打造“景、车、路”高度和谐统一的新景观。

2.7 无现金与智慧开发：常州嬉戏谷

2.7.1 景区概述

常州嬉戏谷位于江苏省常州市武进太湖湾旅游度假区内，是一座国际动漫游戏体验博览园。定位鲜明，以满足逾4亿中国互联网用户的庞大娱乐需求为目标，以更适合未来前往的体验型公园为前瞻，与世纪品牌“迪士尼”及“环球影城”形成差异，注重现代数字化互动体验，给世界一个全新主题。嬉戏谷自2011年5月开园以来，已累计接待海内外游客1200余万人次。

2.7.2 产品研发

常州嬉戏谷是全球第一个以“动漫艺术、游戏文化”为主题的创意文化主题公园，融合数字娱乐和互动技术，将动漫游戏虚拟世界实景化，将奇幻世界带入现实，园区占地面积约100万平方米（1500亩），园内规划“英雄门”“淘宝大街”“神秘岛”“摩尔庄园”“传奇天下”“星际传说”“迷兽大陆”“嬉戏族欢乐港”和“圣殿山”九大动漫游戏主题文化体验区，并配套建设有嬉戏谷大剧院、国际电竞博览中心、嬉戏谷凯莱大饭店、云中部落度假村、韩国风情街等设施。

投资总额20亿元的环球动漫嬉戏谷，首次将互联网技术全面运用于主题乐园，首次将“虚实互动”模式融入游乐项目，首次将线上线下两个互动娱乐平台进行有机整合，200多项动漫游乐项目中，1/3属于全球首创。开园仪式还创造了1562人的“角色扮演”（cosplay）人数集结最多的吉尼斯世界纪录。

2.7.3　无现金项目开发，智慧化体系延伸

2.7.3.1　景区无现金一体化开发

嬉戏谷无现金景区项目是依托移动网络和大数据，积极探索主题公园各项智慧化、人性化服务，提供掌上嬉戏 APP、导游精灵 APP、嬉戏谷官网 VR 版、嬉戏谷微博微信、支付宝生活号等手机应用，从游客出行的资讯服务、导航导览、旅游消费直至体验反馈实现全方位移动智能服务。

依托移动网络和大数据，嬉戏谷积极探索主题公园各项智慧化、人性化服务措施。2017 年 8 月在浙江深大和蚂蚁金服支付宝的协作下，嬉戏谷经过一年多的研发和试验从停车场付费、购票（年卡）入园、园内购物、餐饮和物品租赁都可以用支付宝支付，被支付宝授予无现金示范景区。嬉戏谷成为国内首家无须现金或者信用卡的主题乐园。

2017 年国庆期间，常州嬉戏谷接待游客超过 10 万人次，其中约 40% 的交易通过支付宝完成，交易总笔数达 3 万笔，移动支付总金额超过 600 万元。嬉戏谷和支付宝合作后，获得了阿里巴巴大数据的支持，游客从手机购票开始，到停车入园，以及所有的二次消费都可以记录，而园内的导游精灵系统则跟踪游客的路径轨迹和停留时间，判断游客的行为特征。第一，游客有事先知情权和选择权，他们可以了解到热门的景点等，还知道各自的特色服务和产品。第二，游客有裁定权，他们能为每一次消费点评，表达消费意见和建议。而一旦出现游客差评或恶评，企业或行业管理部门可以在口碑提供的大数据系统里尽早发现、尽快解决，把游客投诉风险控制到最小。

2.7.3.2　线上线下的整体营销

景区第一次把线上的门票营销、品牌营销升级成为线上线下的整体营销，嬉戏谷景区以及周边的宾馆、酒店、农家乐、渔家乐甚至停车场组成为一个线上线下关联的旅游综合体。我们把嬉戏谷变成了一个自营销平台，一个线下流量入口，为周边的食、住、行、游、购、娱行业导流和赋能。纵向能贯穿：充分挖掘旅游信息资源，全面覆盖游客、旅游经营者、

旅游管理者三类主体需求，提供完整的旅游应用服务。横向能融合：对三类主体提供的服务，功能上相互配合和补充，数据层面最大限度共享，执行上协同联动。外围能扩展：扩展和融合来自相关行业（如交通、商贸、物流等）的信息，并与其他智慧系统进行数据交换和共享。整体可对接：智慧旅游能够无缝对接到层次更高的智慧化体系，如智慧城市。

2.7.3.3　嬉戏谷电子年卡

全程在手机里办理操作，应用场景不仅是年卡，可以是季度卡、月卡和次卡，颠覆了传统的旅游年卡。电子年卡还可以用作景区的会员卡享受各项优惠。

2.7.3.4　囧囧快餐车手机扫码送餐服务（景区内的饿了么）

整个乐园就是5个大餐厅，无论微信、支付宝，扫码就可以点菜、支付、坐等送餐。即使是节假日客流高峰期，餐饮不需要排队等位。

2.7.3.5　电子押金支付系统

游客在嬉戏谷，储物柜租赁押金冻结、商品和餐饮消费都无须现金支付，刷支付宝即可完成押金预授权和消费结算。芝麻信用600分以上的用户，可以免押金租用充电宝、雨伞等小件物品。

嬉戏谷无现金景区工作进一步提高了游客的满意度。在智慧旅游、旅游新时代的征程中继续创新、探索和发展。把嬉戏谷变成了一个自营销平台，一个线下流量入口，不仅提升了自身的运营效率和品质，也能够为周边的食、住、行、游、购、娱相关行业导流和赋能。

2.8　景区电子票务系统解决入园难题：成都动物园

2.8.1　景区概述

成都动物园始建于1953年，是经成都市编委批准的差额预算事业单位。经过近50年的建设与发展，已建有30余组各种造型的动物馆舍，常年展出各种兽类、两栖爬行类、鸟类以及观赏金鱼等，园内有国家保护的珍稀濒危野生动物300余种、3000余只（头）。成都动物园年接待游客180万人次，是西南地区最大的动物园，位列北京、上海、广州等十大动物园之第 4 位。

2.8.2 问题与方案

成都动物园景区是成都市唯一的城市动物园，在节假日期间景区人满为患，节假日高峰全天入园人数超过 6 万，出现购票难、入园难的问题。游客从入园购票到检票，排队时长达到半小时。

针对景区现状，成都动物园搭建了一套微信订票服务系统，帮助园区实现智慧票房建设。通过微信订票，无须取票，凭下单人手机号码直接入园，实现 30 秒钟快速购票，5 秒钟快速入园。不仅仅解决了景区节假日购票难、排队时间长的问题，也为景区票房减轻了不少压力，节约了景区人力、物力成本。做到了真正的智慧出行，给游客带来了更好的入园体验，得到了众多游客好评。

2.8.3 电子订票系统

以电子票取代纸质票，更加利于景区票房管理，助力景区智慧化建设以及智慧票房建设。成都动物园景区作为无现金购票示范景区，引领着整个西南地区景区的票房革命，各景区纷纷进行转型升级，实现无纸化，做到真正的低碳、环保。

通过微信订票现场打造移动支付场景，实现即时订票即时入园。由专业技术公司提供专业技术服务，实现快速出票等；其次是现场设置自助购票机，实现自助购票服务，自助机实现微信支付以及支付宝支付。随着移动支付的深入影响，大部分游客出门不带现金，而银行卡支付比较烦琐，所以在技术上开通支付宝服务以及微信支付服务。通过现场实践确实为游客提供了便捷的购票服务，解决了景区票房压力大的问题。由于景区入口处之前只有 3 台闸机，入园较慢，通过专业票务系统实现 5 秒快速验证入园，在节假日增设入口，使用手机验票灵活、方便，为景区实现便捷入园提供了很好的技术支撑。

2.8.4 景区电子票务搭建

针对人流量较大的景区，可以实现微信订票服务，以及通过使用同程旅游专用票务平台，出票稳定。微信订票服务能帮助游客实现快速入园，可以减少景区的票房压力，节约景区的运营成本。

通过微信订票，第一可以减少入园拥堵的情况，实现快速入园，保障入园顺利。其次是做到真正的节能减排，取消纸质票，使用电子票。最后可以通过大数据作为支撑，在景区营销活动上以及景区针对客户群体的分析上都能做到精准高效。通过成都动物园的实际案例，我们可以看到景区电子票务系统在景区的运用上不仅解决游客入园问题，还能给景区带来更大的收益，此模式可以复制到其他景区以及其他领域，更好地服务于人们的出行。相信，无现金示范景点的建设会不断被人们接受以及得到政府部门的大力支持。移动支付将更好地服务于游客、服务于景区、服务于社会。

总之，通过微信订票不仅仅可以实现快速入园，降低景区运营成本，更是可以改变人们的出行方式，让出行变得更加简单、便捷。通过成都动物园的实际案例，可以看到旅游景区在为无现金社会添砖加瓦，助力于构建绿色生态和谐的社会。

2.9 一码解决移动收款和融资难题：金海湖风景区

2.9.1 景区概述

金海湖风景区位于北京市平谷区城东 15 千米处，占地面积 6.5 平方千米，是北京面积最大的综合水上娱乐场所。景区三面环山，风景秀丽，在整合周边多处特色景点的同时，依托自身环境资源，形成融观光旅游、生态休闲、科普教育、度假养生为一体的国家 4A 级旅游景区、北京市市级风景名胜区、市级旅游度假区。

景区分为三大游览区：以金花公主墓等名胜和独特自然景观所组成的东侧游览观光区，集合摩托艇、游艇、滑翔伞等 30 余种水上娱乐项目的中心水上娱乐区，设置高尔夫球场、高端酒店、主题会所、马术俱乐部等 50 余项娱乐设施的西侧高端滨湖度假区。

2.9.2 景区问题

相比于西侧的高端滨湖度假区，东侧游览观光区和中心水上娱乐区的地貌较为复杂，景点与商户分布呈现出种类多、分布广、收费模式复杂的特点，地形和分布导致了传统的收银系统难以铺设。为解决此问题，金海湖风景区全面引入了微信支付。然而，随着移动消费的普及，景区管理者又面临着新的问题。

首先，单一的支付系统，难以满足游客的需求。景点商家经常面临自家提供的微信二维码，游客无法用支付宝系统扫描的尴尬局面。

其次，同一收银点，员工使用相同收款码，员工绩效难以考核。第三方支付系统如支付宝、微信不同于传统收银系统，不能通过身份识别对轮岗员工的工作量进行统计。

最后，不同的收款方式，增加了财务统计的工作量。金海湖风景区项目众多，收款模式覆盖微信移动支付、传统 POS 机收款、智能收单终端、现金支付等。繁杂的收款模式需要人工合并账务，不仅增加了财务统计的工作量，也让景区的资金监控、财务审查成本直线上升。

2.9.3　解决方案

2017 年 6 月，金海湖风景区与溢美开展深度合作，通过铺设溢美旗下的支付产品“51 分期购”解决了景区所面临的一系列难题。

首先，“51 分期购”，作为一款便捷的移动支付产品可一码搞定所有主流支付通道。景区通过在三大游览区 10 个传统景点、68 家高端酒店、176 个娱乐项目点铺设，满足了游客多样的支付需求。游客不仅可以使用支付宝、微信等传统支付扫码，还可以使用借记卡、信用卡和即时分期的消费方式。与此同时，景区引入了“51 分期购”的消费担保功能，游客在景区消费时，如遇消费欺诈现象，溢美会先行赔付，打消了游客在景区消费时的顾虑。

其次，“51 分期购”支持一账户多码，可以做到每个项目收费点的员工人手一码，游客扫码付款后，款项统一进入景区的“51 分期购”账户。景区管理人员可以登录后台，查看每个员工的收款额并进行提现，在保证资金安全的同时，为员工的绩效考核提供可量化的标准和依据。

最后，景区引入“51 分期购”后，财务人员只需要进入后台即可看到清晰的收款情况，免去收款合并工作。在减轻财务人员60%工作量的同时，依靠可量化的财务数据，实现金海湖景区业务、商务和财务等信息的有效衔接，为景区经营者提供可靠的决策依据。

2.9.4 深入合作

伴随“十三五”规划正式落地，健康中国正式升级成为国家战略。作为2020年世界休闲大会主会场的金海湖风景区拟建设“金海湖121长寿小镇”，对资金的需求明显增加。景区通过铺设“51分期购”，将产生的交易数据输出给溢美，借助溢美在银行的合作优势，获得低成本资金，用于景区的项目开发或升级改造。

2.9.5 总结

截至2018年6月，经过一年时间，新支付系统已在金海湖风景区东侧游览观光区和西侧高端滨湖度假区铺设完毕，中心水上娱乐区正在陆续铺设，共铺设传统景点10个、高端酒店68家、娱乐项目176项、民宿农家乐超过200家。同时，景区通过“51分期购”输出的交易数据，已成功从溢美获得1500万元融资，为进一步提高景区接待能力、丰富景区内容，推动景区智慧化建设打下资金基础。

2.10 科技解决景区难题助推智慧化建设：洪泽湖

2.10.1 景区概述

洪泽湖湿地景区位于中国东部的江苏省北部宿迁市泗洪县境内，北枕世界闻名的京杭大运河，南依中国南北分界点淮河，东临烟波浩渺的洪泽湖，是75万亩洪泽湖湿地国家级自然保护区实验区的重要组成部分，是融观光旅游、生态休闲、科普教育、度假养生等为一体的国家4A级旅游景区。洪泽湖湿地景区自2009年建成以来，先后荣获“中国最佳原生态旅游目的地”“中国十大生态休闲基地”“全国科普教育基地”“全国休闲渔业示范基地”以及“江苏省摄影基地”等荣誉称号，是江苏省最具代表性的新兴生态旅游景点。

2.10.2　产品分类

景区占地面积6平方千米，是华东面积最大的湿地景区，景区分为五大游览区，分别是以芦苇迷宫为代表的湿地文化体验区，以洪泽湖鱼族馆为代表的湿地科普互动区，以千荷园为代表的湿地植物展示区，以深呼吸通道为代表的湿地生态养生区，以及以先春湖假日酒店为代表的湿地度假休闲区，漫步万顷湿地，36处景点各显风采。

2.10.3　科技助推景区智慧化建设

2.10.3.1　旺季景区营运压力大，人工检票效率低

移动售票：每当节假日，通过网络预售门票、自动售取票机、二维码售票、微信售票等方式，缓解排队购票的问题。含税电子门票：一般全国每个景区每年印刷含税纸质门票的成本大概在百万元不等。移互联网时代门票无纸化，不仅游客可随时随地追溯含税电子门票，还节约景区运营成本。分时入园，门闸支付即过：通过电子支付预售消费型服务，构建大数据，形成服务流控制管理，根据各时段的游客量设计最优资源配置方案，实现景区各时段的有序高效运营。闸机扫码、身份证智能检票，实现游客快速入园。

2.10.3.2　基于游览过程中的创新体验

景区地图语音导航，点击可查看前往线路，地图显示景点、游客中心、取票点、停车场、厕所等基本信息。安装导游讲解APP后，到达景点自动触发语音讲解，为游客在游览时提供图、文、声、像的导览服务。二维码扫码解说系统，把所有景点或展览品的解说录音、详细介绍、图片、文化故事、历史人物、视频资料等内容编辑并录入系统资料库，游客只需要打开手机上的任意二维码扫描软件，对感兴趣的景点或展览品标牌上的二维码图像进行扫描，就可以听到解说和浏览详细信息，还可以进行分享。

2.10.3.3　AR/VR的创新应用

通过移动互联网与AR/VR技术结合形成景区真实场景与增强现实、虚拟现实，提升服务质量。比如，通过AR观看同一个景点同一位置在一年

四季的不同变化，为游客提供旅游新视觉享受；通过 VR 让游客虚拟置身于景观之中，全息感受不同视角、不同季节、不同空间位置的旅游体验。

电子票务系统、景区导游导览、虚拟旅游适用于大多数景区，为旅游带来出行的便利，也有利于景区的高效有序管理。结合票务系统，可实时统计入园人数，实时监测景区承载人数，做好应急指挥预警。目前，全国各地都在紧锣密鼓地开展智慧旅游的前期工作，我国智慧旅游服务能力明显提升，大数据挖掘和智慧营销能力明显提高，移动电子商务、旅游大数据系统分析、人工智能技术等在旅游业应用更加广泛，建设涵盖旅游所涉及的食、住、行、游、购、娱等旅游要素，覆盖旅游行业管理部门、旅游企业以及游客三大方面的综合监管平台，引导、规范各景区建立健全监测预警、风险评估、信息发布等应急机制。

洪泽湖湿地景区的智能化提升工程，以实现符合国家 5A 级旅游景区信息化标准来建设，主要包括以下内容的设计施工一体化：应急指挥中心改造、会议系统、数据中心机房改造、景区无线营销系统、移动支付营销系统、视频监控系统新建及改造、公共广播系统、智能导览系统、户外大屏发布系统、智能单车系统、停车场管理系统、应急指挥调度系统、客流采集系统、车船调度系统、办公自动化系统、投诉建议系统、信息发布系统、智慧旅游地理信息系统、语音导游导览系统、智慧景区管理服务门户集成、综合管控平台、景区官网、景区微信、虚拟旅游、资讯平台、电子商务平台以及与已有的信息化项目整体无缝衔接建设等内容，项目投资约 930 万元。

洪泽湖湿地景区智慧化建设项目，目前所有系统已经成功上线实施，不少系统开了国内先河，其中智慧旅游管控平台、智慧旅游应急管理中心、智慧旅游大数据分析平台、景区智能单车系统等得到北京和省内旅游专家一致认可。

附录一

1　中国旅游景区协会会员管理办法（2017）

第一章　总则

第一条　为加强中国旅游景区协会（以下简称协会）会员的管理，强化协会组织建设，维护会员的合法权益，充分发挥协会的作用，维护协会的声誉，确保协会健康、可持续发展，根据民政部《社会团体登记管理条例》和《中国旅游景区协会章程》，结合旅游景区行业特点，制定本办法。

第二条　会员享有《中国旅游景区协会章程》规定的相应权利，并履行相应义务。

第三条　本办法适用于中国旅游景区协会的景区会员。

第二章　入会

第四条　入会条件

（一）全国范围内国家 A 级旅游景区（重点是 5A 级旅游、4A 级旅游景区）；

（二）全国范围内具有规模大、知名度高、主题鲜明或经相关行业部门认证的非 A 级旅游景区；

（三）全国范围内为旅游景区提供相关服务的具备相当规模、科技含量高、具备国家及本行业的专业资质、诚信经营的企事业单位；

（四）依法成立的与旅游景区相关的社会团体、组织。

第五条　入会的程序

（一）提交入会申请、单位营业执照（或社团登记证）复印件。

（二）初审通过后，报秘书处负责人审核。

（三）申请单位填写《中国旅游景区协会会员注册登记表》。

（四）报理事长审核。

（五）由常务理事会授权秘书处讨论通过。

（六）由本团体颁发会员证书，并予以公告。

第六条 协会会员的管理工作由秘书处会员部负责。

第三章 会员管理

第七条 协会建立会员联系人制度。会员单位应指定专人担任联系人，负责与协会会员部的工作联络，联系人应保持相对稳定，协会定期组织联系人进行交流培训，并对联系人进行考评奖励。

第八条 协会建立会员信息库。在协会官网会员管理平台上对会员信息实施动态管理，会员信息发生变更时，会员联系人应及时通知协会会员部。

第九条 协会建立会员单位信息报送机制。会员联系人定期向协会报送会员单位动态信息，协会定期在官网、微信、微博等宣传平台发布。

第十条 协会鼓励会员单位积极参与协会活动和协会组织的各项公益活动。针对参与度较高的会员单位，协会视情况给予表彰。

第十一条 会员单位有严重违反《中国旅游景区协会章程》的行为，经常务理事会表决通过，可予以除名。协会将收回证书，在协会网站上予以公告。

第四章 退 会

第十二条 会员退会应书面通知本协会并交回会员证。

第十三条 会员如果两年无故不交纳会费或不参加本协会活动的，视为自动退会。

第十四条 会员退会，自动丧失会员资格，或者被除名后，其在协会相应的职务、权利、义务自行终止。

第五章 附 则

第十五条 本办法解释权属本团体理事会。

2　中国旅游景区协会会员分支机构管理办法（2017）

第一章　总则

第一条　为了加强中国旅游景区协会（以下简称协会）分支机构的管理，根据民政部《社会团体登记管理条例》（以下简称《条例》）、《民政部关于贯彻落实国务院取消全国性社会团体分支机构、代表机构登记行政审批项目的决定有关问题的通知》（以下简称《通知》）及《中国旅游景区协会章程》（以下简称《章程》），制定本办法。

第二条　协会的分支机构（以下简称：分支机构）是在协会会员中依据类型、专业和业务特点而设立的专门从事专项业务、研究或活动的内设机构，须经协会理事会批准后方可对外开展活动，分支机构不具有法人资格，各分支机构不得再设立其他分支机构或代表机构。

第三条　分支机构可以称专业委员会、分会、技术委员会等。分支机构在开展活动时应当使用全称（即“中国旅游景区协会 ××× 专业委员会”“中国旅游景区协会 ××× 分会”“中国旅游景区协会 ××× 技术委员会”等）。英文译名应当与中文名称一致。

第四条　协会对分支机构实行分类指导，规范管理。分支机构要自觉遵守国家法律法规和相关政策，按照《章程》以及本办法的有关规定，在民政部核准的中国旅游景区协会业务范围内组织行业的各项活动。

第二章　分支机构的职能

第五条　主要职能

1. 严格按照协会章程开展工作，履行社会责任，开展信用建设，引导会员强化自律，提高行业凝聚力，维护行业形象。

2. 分支机构在协会批准的业务范围内积极开展工作，并落实协会布置、授权和委托的各项工作。

3. 组织制订和实施本分支机构的工作计划，撰写行业报告，参与研究和解决行业重大问题，向协会提出行业发展方面的意见和建议。

4. 组织开展本行业的学术交流、业务培训等各项活动。

5. 及时反映会员诉求，维护其合法权益。

6. 分支机构定期向协会汇报工作进展情况。

7. 加强分支机构组织建设，提高工作人员的思想素质和业务水平，增强服务意识、提升服务能力。

第三章　分支机构的设立、变更与注销

第六条　协会设立的分支机构，须具备规范的名称，固定的住所，符合《中国旅游景区协会章程》规定的业务范围，在协会会员单位中有一定数量的行业内骨干单位，积极开展活动，促进旅游景区行业的发展。

第七条　分支机构设立的程序：

1. 协会秘书处向协会理事会（以下简称：理事会）提出申请设立分支机构的报告，内容包括设立的理由、性质、工作任务、设立的必要性与实施可能性等。

2. 理事会通过后，由协会秘书处牵头组成分支机构成立筹备领导小组负责筹备工作。

3. 分支机构按规定程序成立后，要将成立的相关手续、文件等整理后报协会存档、备案。

第八条　分支机构的变更与注销：

1. 分支机构因换届、主任委员单位调整、名称调整等原因，需要变更时须报理事会通过。

2. 分支机构成立后，如一年不开展活动的，由秘书处上报理事会批准予以注销。

3. 分支机构有下列情形之一的，根据国家有关规定予以改组、变更、撤销或注销：

（1）由于分立、合并、自行解散等原因需要注销的。

（2）未经协会批准，擅自以分支机构名义进行全国性活动、经济活动、外事活动等造成不良影响的。

（3）从事违法活动，性质发生变化并造成严重后果的。

第九条 分支机构注销后，须按照协会有关规定收回剩余资产、印章或相关文件，同时正式向社会公布。

第四章 分支机构的管理

第十条 分支机构应依据《章程》和本管理办法，制定相应的工作条例报协会批准备案。分支机构不得单独制定章程。

第十一条 分支机构设理事会。分会设理事长、副理事长、秘书长，委员会设主任、副主任、秘书长。分支机构首届负责人经协会秘书长提名，交常务理事会决定。分支机构换届时负责人由协会推荐，并按分支机构工作条例规定的程序选举产生。

分支机构负责人每届任期四年。需要延长任期的，经分支机构理事会讨论通过，报协会批准同意后方可任职。

第十二条 分支机构负责人单位，必须具备以下条件：

1. 知名度高、示范引领作用强。

2. 改革创新方面有一定的影响力、凝聚力和号召力。

3. 热爱本行业，有能力为行业做出贡献。

第十三条 分支机构主要负责人原则上由知名企事业单位、旅游高等院校、科研院所的带头人担任。

第十四条 分支机构秘书长的产生和具备的条件：

由协会秘书处与分支机构主任单位、副主任（理事长、副理事长）单位共同协商推荐，原则上从副主任单位（副理事长单位）中产生，经分支机构理事会讨论通过后报协会备案。也可根据分支机构的实际情况由协会秘书处或主任单位（理事长单位）聘用的人员中产生。

分支机构秘书长条件：热心协会工作，有一定的专业知识和协会工作的经验；原则上为专职（特殊情况须经协会批准可为兼职），具有本行业的专业素质和相应的管理水平，履行其职责。分支机构秘书长对协会秘书处和分支机构主任及其理事会负责。

第十五条 分支机构秘书处工作人员管理。分支机构秘书处专职工作人员实行聘任制，按国家《劳动法》和《劳动合同法》的有关规定执行，不得兼任其他单位的工作。分支机构秘书处接受协会秘书处管理，协会秘书处可派出工作人员参与管理并担任分支机构秘书处相应职务。

第十六条 受协会秘书处委托，分支机构可代协会发展会员。其成员管理、服务、会费收取等均应遵守《章程》和《协会会员管理办法》的规定，按照分支机构工作条例执行。

第十七条 分支机构开展的重大活动，如代表大会（年会）、表彰、培训、展览等，须事先报告协会同意后方可进行。

第十八条 分支机构负责人及其工作人员凡涉外公务活动，如参展、考察、申办和参加国际会议、参加国际组织等，须事先报协会获准后方可进行；分支机构均不得以擅自发放通知、印制红头文件等方式组团出国（出境）开展外事活动。

第十九条 分支机构向国家和省区市政府有关部门或对外相关团体联系相关事宜，须经协会（报送）批准。

第二十条 分支机构内部刊物应严格执行国家新闻出版广电总局令第2号《内部资料性出版物管理办法》的有关规定和协会相关规定，没有获取内刊准印证的分支机构，一律不得自行出版违规出版物。

分支机构须严格遵守新闻报道规定，搞好内部刊物、网站建设、微信、微博等信息管理。分支机构建立的网站、微信、微博等信息服务平台，要严格遵守国家法律法规和相关政策，并按照国家有关部门的要求对网站和域名进行备案并将其备案结果和网站基本资料报送协会备案。要求在网站中注明分支机构全称，英文译名应当与中文名称一致，严禁在网站主办单位、网站所有者或网站简介中使用没有注明协会分支机构名称的各种称呼；要在网站首页以图标的形式链接协会官网；分支机构以网站的独立名义开展活动，要严格遵守协会重大事项或重大活动的审批程序，并报协会备案。

第二十一条 分支机构内部发行的会员交流资料，不得或模糊以协会名义发行。邮寄资料不得使用协会的联系地址。

第二十二条 分支机构有下列情形之一的，按国家有关政策法规处理：

1. 出租、出借分支机构印章的。

2. 擅自在分支机构下设分支机构或代表机构的。

3. 违反《章程》乱收费，以及违反国家有关规定筹集资金的。

4. 无故不能履行分支机构职能，一年以上未开展活动的。

5. 拒不接受或者不按照规定接受协会监督管理的。

第五章 分支机构的换届管理

第二十三条 分支机构任期届满进行换届，具体程序和要求如下：

1. 提前三个月向协会秘书处上报换届方案。方案内容包括：

（1）分支机构推荐的换届领导小组成员名单。

（2）选举原则、办法。

（3）新一届理事会拟推选负责人名单。

2. 经协会秘书处与分支机构理事会协商达成一致意见后，成立专委会换届工作领导小组后方可进行换届工作。

第二十四条 分支机构的选举可由分支机构会员大会（年会）等额或差额选举，可采用记名、无记名表决办法进行。

第二十五条 换届改选会议闭幕后，需 30 日之内报协会批准和备案。

第六章　分支机构印章管理

第二十六条　根据民发〔2014〕38 号《民政部关于贯彻落实国务院取消全国性社会团体分支机构、代表机构登记行政审批项目的决定有关问题的通知》的有关规定，自 2014 年 2 月起，民政部将不再换发分支机构登记证书。分支机构印章的保管、使用应建立管理制度，由专人负责，建立使用档案。如出现换届、人员变更等应做好交接工作，不得遗失。

第二十七条　分支机构作为协会内设机构，不具有法人资格。其印章的使用必须遵守以下规定：

1. 用于分支机构内部召开会议、内部有关交流时发布通知等日常业务活动。

2. 不得用于以分支机构名义开展经营活动，签署经济协议及合同。

3. 不得用于以分支机构名义对外发布信息、向政府行政部门上报材料、承接任务等。

4. 不得用于以分支机构名义开具具有法律效力的证明、文件，不得申请银行账户和办理财务资金贷款、担保等业务。

5. 印章损坏或丢失，应及时向协会秘书处报告，不得擅自补刻。

6. 没有印章的分支机构如需使用印章，按具体事宜使用协会部门印章或协会公章。

第七章　分支机构的经费来源、财务管理

第二十八条　分支机构的经费来源：按《中国旅游景区协会会费管理办法》规定，由协会按各分支机构代协会所收合法收入的 90% 拨付使用。

第二十九条　分支机构的全部收支纳入协会统一管理、核算，不得计入其他单位、组织或个人账户；不得私立账户、开设“小金库”、私分和挪用分支机构钱物；资产处置和资产变动要严格执行资产处置申报制度和资产变动审批制度。

第三十条　分支机构实行内部独立核算，单独设置会计账簿，按照

《民间非营利组织会计制度》和协会的要求进行会计核算，协会财务定期向协会、分支机构报告收支情况。

第三十一条 分支机构严格执行《中国旅游景区协会会费管理办法》，严格实行年度财务预算管理。严禁分支机构以各种形式截留收入。

第三十二条 分支机构经协会授权可以代表协会接受资助并纳入协会对应账户统一核算，不得截留资助收入。

第三十三条 分支机构财务票据管理，按照协会财务管理规定执行。

第三十四条 协会的财务报告和审计报告编制范围包含所有分支机构的全部收支。

第八章 分支机构的日常工作管理

第三十五条 协会负责分支机构日常工作的监督和管理，为分支机构开展业务范围内的活动提供必要支持，及时沟通信息，传达上级有关政策，定期或不定期地对各分支机构进行考核、表彰等。

第三十六条 分支机构受协会委托代协会发展会员、颁发会员证书，各会员要严格遵守《中国旅游景区协会章程》的有关规定，积极参加协会组织的相关活动。

第三十七条 分支机构的工作情况应定时书面报协会秘书处。每年中、年底按时呈报半年度、年度工作总结和工作计划。

第三十八条 严格遵守重大事项或重大活动的审批程序：

1. 定期向中国旅游景区协会提交工作计划、活动安排和年度财务预算。

2. 重大活动必须有请示、预案、资金预算等。

3. 活动结束后，以书面形式写出纪要，并向协会上报活动总结。

第三十九条 经协会批准，分支机构对外召开论坛、研讨会等有关会议原则上由协会作为主办单位，分支机构作为承办单位。会议文件应及时整理存档，并在会后一个月内报送协会秘书处（书面文档和电子文档各一份）。

文件包括：

1. 会议通知。

2. 会议文件或论文集。

3. 代表名册。

4. 会议纪要、总结报告、综合简报等。

5. 会议决议、专家建议。

6. 重要的照片、媒体资料。

7. 收支状况等。

第四十条 以分支机构名义对外发布信息、行业性调查报告、研究成果应经分支机构领导审核，并报协会秘书处备案，所发布数据要与协会发布的数据保持协调一致。

第九章 附则

第四十一条 分支机构工作条例中凡与本管理条例不符的，以本管理办法为准。

第四十二条 本管理办法解释权属协会理事会。

3　中国旅游景区协会发展战略规划（2018—2030）（草案）

引　言

旅游景区作为旅游及其相关活动的主要场所，在满足广大人民群众参观游览、休闲度假、康乐养生的旅游需求的同时，作为旅游产业链条的关键一环，承担着促进国民经济社会发展的历史重担，更承担着缓解人民日益增长的美好生活需要和不平衡不充分发展之间矛盾的伟大使命。其开发经历了资源导向型、市场导向型和综合型三个阶段，产品打造也经历了从观光到休闲，再到度假综合性开发的过程。

随着国家宏观政策不断向旅游业倾斜，各级主管部门对旅游业的“政策红利”不断加持，社会资本投资热情的不断高涨，各种新技术的不断涌入，居民消费观念和消费方式的不断转变，旅游业得到了突飞猛进的发展。旅游景区作为旅游业的核心要素，是旅游产业链的中心环节，是旅游消费的吸引中心，是旅游产业面的辐射中心，是全域旅游的核心要素，也得到了较快发展，经济效益显著增强，已逐渐成为国民经济战略性支柱产业中的核心环节。2016 年，全国 A 级旅游景区达到 8659 家，接待旅游人数 44.32 亿人次，实现旅游总收入 3858.20 亿元。

为进一步提升旅游景区行业发展水平，促进行业健康发展，在各级行业主管部门组织下成立了许多社会组织，中国旅游景区协会应运而生。而随着国家全面深化改革的不断推进，政府职能转变和机构改革的不断深入，行业协会和行业主管部门脱钩被列为改革创新的重要内容，中国旅游景区协会脱钩后，在“五大理念”“四化战略”“美丽中国”“健康中国”“生态文明建设”“旅游扶贫”“一带一路”等国家重大方针政策的指引下，应精准定位自身，树立一杆大旗，打响协会品牌，引领中国旅游景区繁荣发展。

中国旅游景区行业发展分析

（一）行业发展环境分析

1. 经济环境

随着我国国民经济水平不断提高，2016 年国内生产总值总量达 744127 亿元，比上年增长 6.7%，综合国力不断提升，已升级为世界第二大经济体，其中第三产业增加值比重为 51.6%，同比提高 14 个百分点。

综合实力的提升，第三产业的大发展，直接带来作为第三产业核心产业旅游业的飞跃，旅游业综合功能优势日益凸显。2016 年实现国内旅游收入 39390 亿元，同比增长 15.2%；随着中国旅游的国际影响力日益提升，中国已成为世界最主要旅游目的地之一，全年国际旅游收入 1200 亿美元，增长 5.6%，接待入境游客 13844 万人次。而旅游景区作为旅游产业链中的中心环节，2016 年 A 级旅游景区的旅游总接待量达 44.32 亿人次，实现旅游总收入 3858.20 亿元。

随着中国进入经济新常态，在国家宏观调控的指引下，社会资本投资的灵活性被大大激发，2016 年仅全国 A 级旅游景区的投资总额就达 2864.64 亿元，同比增长 15.89%，景区的投融资模式为景区行业大发展奠定了经济基础。

2. 政策环境

随着旅游产业的经济效益、社会效益日益凸显，尤其是其消费的吸引中心及产业面的辐射中心对于推动国家“乡村扶贫”“厕所革命”“生态文明建设”等重大战略实施具有重要作用，有助于消除不平衡不充分发展，有利于加快实现人们对美好生活的向往，使得旅游业的发展形成了与国家经济建设与社会进步共同推进的大格局，国家和各级地方政府在民间资本、基础设施、用地供应、乡村振兴等政策方面不断向旅游业倾斜，旅游业，尤其是旅游景区行业发展进入了“政策红利”期，为旅游景区行业大发展奠定了政策基础。

3. 社会环境

随着我国国民收入水平的提高，2016 年人均国内生产总值 53980 元，同比增长 6.1%。人均可支配收入达 23821 元，同比增长 8.4%，全国居民生活水平显著提高，人均消费支出达 17111 元，同比增长 8.9%。随着人们生活水平的提高，国家假日制度的不断优化和带薪休假的进一步落实，旅游消费观念、消费需求和消费方式的不断转变，旅游成为居民常态化生活方式，旅游者对旅游产品的需求也由单一的观光产品，逐渐向休闲和度假等复合型转化，这些都为景区行业大发展奠定了社会基础。

4. 市场环境

2016 年年末，全国大陆人口总量为 138271 万，同比增加 809 万，其中常住人口城镇化率为 57.35%，同比增长 1.25%。而旅游数据显示，全年国内旅游人数 44.4 亿人次，人均出游 3.21 次，其中城镇居民出行 31.95 亿人次，人均出游 4.14 次，总花费 3.22 万亿元，每人次平均花费 1009.1 元。数据显示国内旅游从小众市场向大众化转变，已拥有全世界最大的国内旅游消费市场。国际旅游也从单一入境游发展成为出入境旅游并重格局，出境旅游市场更加活跃、发展空间潜力巨大，都为旅游景区行业大发展奠定了市场基础。

5. 科技环境

21 世纪是信息技术时代，随着新科技的快速进步，云计算、大数据、移动互联网、物联网、人工智能、虚拟现实及大数据等新技术的不断涌现，对游客出行、出游体验方式、产品形态等都产生巨大影响，对旅游企业的商业模式和管理模式优化也提供了可能，尤其是处于旅游业核心的旅游景区行业，信息时代的到来，“智慧化”和“智能化”给旅游景区行业发展带来了机遇，也带来了挑战。

（二）行业发展现状

“十二五”旅游景区行业发展报告显示，旅游景区作为旅游业的核心要素，随着国内旅游业的大发展，景区行业也迎来了发展的黄金期与结构调整期、文明提升期和市场规范期。

行业发展黄金期呈现五大特征：旅游景区质量、类型、结构渐趋合理，5A 级旅游景区和新业态旅游景区数量明显增加且增速显著提升。游客接待量持续增长，传统型旅游景区市场占有率趋于稳定，高等级旅游景区市场份额逐步增加，政策性免票游客量显著增加。旅游景区收入结构明显改善，高质量旅游景区和非门票收入的增量和增速均较为显著。社会投资旅游景区的热情高涨，社会资本的投资增量、增速、占比均较为明显，旅游景区成集团化方向发展，且以度假休闲类为代表的大型综合类旅游景区成为投资热点。旅游景区空间分布格局逐渐优化。

结构调整期、文明提升期和市场规划期也存在五大问题：旅游景区界定不统一，尚存多头管理甚至部分无监管问题；门票定价无规范及收费标准不明确问题；景区服务质量和管理水平参差不齐问题；游客承载量管理问题；文明旅游问题。

（三）行业发展前景判断

随着经济新常态下旅游业由一般性产业向战略性支柱产业转变，国家宏观政策不断向旅游业倾斜，国民可支配收入不断提高，假日制度不断完善，本土庞大的客源市场，以及旅游市场的日渐国际化等诸多因素影响，作为旅游核心吸引物的旅游景区在未来较长的一段时间，将在“十九大”提出的“实现中华民族伟大复兴”的中国梦的指引下，在社会主义事业“五位一体”总体布局和“四个全面”战略布局的引领下，坚定“道路自信、理论自信、制度自信和文化自信”的发展理念，保持发展热情、投资热情和参与热情，继续处于黄金发展期，旅游景区数量、效益和投资等都将保持强劲增长态势。具体有三大表现：

1. 品质化

2018 年 1 月 8 日，时任国家旅游局局长李金早做了题为《以习近平新时代中国特色社会主义思想为指导　奋力迈向我国优质旅游发展新时代》的报告，指出中国经济社会将从重视增长速度转向重视增长质量，多管齐下，全面升级，加速推进更有质量的旅游景区，质量体现着人们对美好生活的向往。随着“515”战略、“旅游 +”战略、“全域旅游”战略、“一带一路”旅游合作的进一步实施，中国旅游景区行业将迎来提质增效发展阶段。

2. 智能化

随着科学技术的日新月异，云计算、大数据、移动互联网、虚拟现实、人工智能等新技术的不断涌现，给旅游业尤其是旅游景区行业带来了深刻变革，增加了市场的外延，不断扩大了旅游空间，延长了部分产品的生命周期，推动服务更加完善，直接影响产品开发、设计、销售和管理，旅游景区的产品、管理、服务等整体都将朝着更加“智能化”的方向发展。

3. 常态化

随着我国大众旅游、全域旅游时代的到来，旅游景区发展将作为“旅游 +”与“+ 旅游”理念的核心要素被融入国民经济社会发展的各个领域中，不断延伸产业链条，通过带动关联产业发展，共同促进国民经济新发展，将呈现出景点全域化、监管制度化、检测社会化、管理类别化、保障体系化、产品多元化等诸多特点。

协会与行业发展关系分析

（一）旅游景区发展的关联分析

旅游景区作为旅游业的核心要素，是旅游产业链的中心环节，是旅游消费的吸引中心，是旅游产业面的辐射中心，是全域旅游的核心要素。随着旅游景区行业突飞猛进的发展，其已经逐渐成为国民经济战略性支柱产业中的核心环节，其发展离不开社会各方面的大力支持。

离不开行业主管部门的行政管理。其行政主管部门重点职责在于规范旅游企业及从业人员的经营和服务行为，监督旅游景区、旅游设施、旅游服务、旅游产品等方面标准的执行情况。

离不开各级地方政府的大力扶持。各级地方政府从政策制定、规划报批、土地划拨、建设批复、环保审查、交通及市政设施配套等全方面综合影响旅游景区的具体建设行为。

离不开旅游相关产业的大力配合。旅游业的六要素分别为“食、住、行、游、购、娱”，其中，作为核心产业的旅游景区行业通过前向推动、后向拉动和侧向带动等作用促进相关关联配套产业发展，与此同时，各相关产业也反向作用于旅游景区行业，共同促进整个旅游业发展。

（二）协会发展历程

由于旅游景区建设和经营等涉及面较广，鉴于我国目前的行政管理体制约束，无法由单一行政部门综合管理，故各级政府和旅游主管部门号召成立旅游景区行业自组机构来进行自我管理和自我发展。全国各地出现了大批旅游景区类社会组织，如各级旅游主管部门成立的景区协会，各地区或各类型景区自发形成的区域联盟或类型联盟等。

中国旅游景区协会也应运而生，在2009年，由华侨城集团公司等企业作为发起单位向国家民政部申报，并于2010年10月24日正式批复成立（民函〔2010〕258号）。中国旅游景区协会是一个由全国旅游景区行业和与景区相关企事业单位在平等自愿基础上组成的、具有独立的社团法人资格的社会团体组织。

中国旅游景区协会遵照国家的宪法、法律、法规和有关政策，代表和维护旅游景区行业的共同利益和会员的合法权益，按照协会章程的有关规定，积极开展调查研究、沟通协调、业务交流、岗位职务培训和市场开拓等活动，积极推进行业自律，努力提高旅游景区行业服务水平和核心竞争力，竭诚为会员服务，为行业服务，为政府服务，在政府和会员之间发挥桥梁和纽带作用，促进我国旅游景区行业的持续、快速、健康发展。

2017年，按照国家及行业主管部门的有关要求，中国旅游景区协会顺利完成脱钩，在新时代的背景下，探索新的发展机制，这给旅游景区协会的发展带来了机遇，同时也带来了新的挑战。

（三）协会在景区行业发展中的作用分析

1. 在本行业内的规范引领作用

协会作为旅游景区运营主体自主成立的非营利性组织，最了解旅游景区的实际发展情况、发展诉求和关键问题，可采用新思路、新方法、新举措开展行业内部针对性强的业务咨询和指导，通过自我调节、自我约束和自我管理，规范旅游景区市场运行秩序，实现行业自律，通过维护旅游景区合法权利，提升行业服务水平。

2. 与行业主管部门和地方政府的桥梁纽带作用

作为受行业主管部门监管的社会组织，可以辅助行业主管部门，集各方优势资源承接部分行业发展规范和相关标准研制工作，作为行政补充的同时逐渐形成行业自律，作为行业的最广大基层单位的代表，向行业主管部门集中反馈诉求。在地方政府部门进行政策制定、资源调配、战略协同、政企协调等方面起到更重要的协调作用，做好旅游景区和行业主管部门联系的桥梁和纽带。

3. 与旅游相关行业的沟通协调作用

作为旅游业核心行业的组织代表，在提升旅游景区行业整体竞争力的同时，需充分发挥其带动性、开放性和包容性，加强与相关产业的沟通与协调，创造行业间交流促进平台，与旅游其他相关产业实现互促发展，进而提升中国旅游业的整体竞争力和凝聚力。

战略目标与定位

（一）战略思考

全面贯彻党的十九大关于“蹄疾步稳推进全面深化改革，坚决破除各方面体制机制弊端”的改革要求，结合中国特色社会主义进入新时代后的主要矛盾已转化为“人民日益增长的美好生活需要和不平衡不充分的发展之间的矛盾”的社会现实，在新时期中国旅游业旨在以推动全域旅游为主线，加快供给侧结构性改革，努力建成全面小康型旅游大国，做经济转型升级的重要推动力、生态文明建设重要的引领产业、展示国家综合实力的重要载体和打赢脱贫攻坚的重要生力军。旅游景区作为旅游业的核心，在遵循行业主管部门的领导下，充分发挥主观能动性，时刻保持行业自我管理和自我创新能力，在旅游业甚至国民经济中发挥更大作用。

作为中国广大基层旅游景区行业自组织机构的中国旅游景区协会，加快与行业管理部门脱钩，完善组织架构，全面开展协会工作。服务文化和旅游部，完善行政补充，起到参谋助手和桥梁纽带的作用。服务旅游景区行业，旨在提升旅游景区发展质量，增强行业发展规范性，提升行业影响力，满足人民对美好生活的追求。服务社会，促进行业与旅游相关行业共荣，规范维护行业权益以提升协会的社会地位和国际影响力，促进行业社会效益最大化。

（二）战略定位

服务国家，做行业主管部门的助推器。助力国家旅游行业主管部门更有效实现行业监管，推动行业法律规范等更加深入有效地得到贯彻施行。

服务行业，做行业权威资讯的发布台。汇聚各方智力，健全行业发展各类规范，做行业最权威的运营数据、市场现状、行业标准的发布机构。

服务会员，做会员健康发展的发动机。搭建旅游景区人才、资金、项目、信息、技术综合平台，全方位进行旅游景区发展指导和联合推介，做旅游景区健康发展的动力源。

服务社会，做行业社会效益的转化器。紧随国家前沿政策，时刻发挥行业先锋作用，不断保持行业经济效益的社会化转移，实现旅游富民效益的全民共享。

（三）战略目标

（此处内容省略）

（四）战略分期

1. 近期（2018~2020 年）：全面布局，重点突破，快速树立行业威信力

在战略规划的指引下，快速健全组织架构，制订协会各项工作计划，重点承接文化和旅游部部分影响力大的职能业务，对核心会员开展专项服务，快速建立行业内部威信力。重点从“协会建设、标准研制、培训认证、景区服务”等几方面入手。

2. 中期（2021~2025 年）：全面铺开，做高做精，扩大会员代表面

在核心会员稳定的基础上，全面拓展业务内容，加强与文化和旅游部的联系，积极做好部里交办、协办的工作，提升协会沟通能力；组织类型多样、内容契合旅游景区实际发展的培训和交流活动，针对旅游景区焦点事件，进行危机公关指导，提升协会服务水平；参与业内重大活动，提高协会影响力；通过服务旅游景区、规范旅游景区、维护权益等行为吸引更多旅游景区入会。

3. 远期（2026~2030）：全面提升，主动拓展，初步形成国际影响力

在协会各项工作进入轨道后，全面提升业务内容和运营水平，建立拥有自主话语权的媒体平台，主动走向国际，整体推介，打造国际化一流协会品牌，整体塑造中国旅游景区的国际形象。

战略组织架构

（一）规范会员代表大会、理事会和常务理事会

协会的最高权力机构是会员代表大会，会员代表大会由全体会员代表组成。会员理事由会员单位推荐，经会员代表大会选举产生，行使会员赋予的权力，对会员负责。理事会是会员代表大会的执行机构，在会员代表大会闭会期间领导协会开展日常工作。设常务理事会，由理事会选举产生，对理事会负责，在理事会闭会期间，行使理事会部分职权。

（二）健全景区协会秘书处

协会秘书处是协会的常设办事机构，在现有基础上健全旅游景区协会秘书处工作职能，对理事会和常务理事会负责。

（三）组建2类专业委员会

吸纳全国各领域专家，组建2类专业委员会，分为智力库和工作委员会。智力库根据专家专业，分为法律专家库、规划专家库、管理专家库、营销专家库、运营专家库、建设专家库及其他旅游景区行业相关专家库；工作委员会包括发展管控工作委员会、标准专业工作委员会、大数据专业工作委员会、演艺专业工作委员会、营销专业工作委员会，其中发展管控工作委员会负责对协会的发展战略执行和重大决策进行把控。

（四）成立9类旅游景区专业分会

按照旅游景区的资源类型、管理体制，建议先行设置能够覆盖A级旅游景区和非A级旅游景区的9类旅游景区专业分会，类别为：山岳类分会、森林类分会、河湖湿地类分会、地质遗迹类分会、古村古镇类分会、红色

旅游类分会、博物馆类分会、主题乐园类分会、乡村旅游类分会。后续工作中根据会员单位需要可成立其他类型分会。

（五）设立 7 类专项服务分会

依据旅游景区行业所涉及的旅游相关领域，根据旅游景区发展的需要，设立旅游景区支撑单位分会，其包括 7 类专项服务分会，分别为：餐饮类分会、商品类分会、建筑类分会、投融资类分会、规划类分会、装备类分会、媒体类分会。

（六）划分 5 类入会兄弟组织

为扩大旅游景区管理与发展经验交流，探讨旅游景区发展问题及交换旅游景区发展建议，根据入会社会团体类别划分 5 类兄弟组织，分别为：景区类协会、旅游类协会、旅游类学会、旅游类联盟、旅游类智库。

战略发展措施

（一）承接行政职能，树立行业凝聚力

1. 开展旅游景区专题研究

接受文化和旅游部领导，承接部分专题研究和学术研讨任务，可先期开展旅游景区分类、旅游景区门票价格、旅游景区用地、景民融合等基础领域的研究工作，做好行业主管部门的基础性、专业性补充。

2. 承接相关旅游景区标准研制

在《旅游法》的统领下，根据行业主管部门的工作方向与重点，同时为实现旅游景区资源保护、精细管理和科学可持续发展，加大步伐推进旅游景区相关规范标准建设，先期可从智慧管理与公共服务、诚信文明、厕所规划布局、绿色基础设施、游步道建设、游览标识等方面着手。

3. 组建专家智库，承接相关咨询

凭借社会团体组织运营的灵活性，组建旅游景区行业领域的专家智库，承接国家行业主管部门关于专项业务的咨询工作，如旅游景区质量评定和复查的专家论证、门票价格改革发方案论证、厕所革命可行性论证等，以减少行政主管部门工作量，提升行政工作效率。

（二）汇集各种资源，保行业稳健运行

1. 制定人才引进机制

协会作为媒介，一方面建立起与国内高校旅游相关专业人才联合培养和国内外高端专业人才引进机制；一方面建立起与各会员单位的人才选聘机制，实现高校定向培养专业人才等旅游景区人才的对口就业。

2. 搭建景区投资平台

一方面搭建旅游景区投融资平台，广泛吸收有投资意向的企业和社会资本融入；一方面建立旅游景区项目储备库，通过平台，实现旅游景区与意向资本的一站式对接，有效缓解优质旅游景区建设缺资金、社会闲散资金找项目的难题。

3. 搭建旅游景区行业公共信息服务平台

支撑旅游景区协会相关事务工作的开展，推动互联网、人工智能等新型业态的创新融入，实现对协会日常管理事务、会员发展、行业监测、数据共享、业务拓展、国际合作等方面的信息化支持。

4. 创建法律和公关服务指导平台

依托法律工作委员会，整合法律顾问、专职调解员、律师事务所、公共关系专家等智力资源，为旅游景区提供法律和公关等相关事务咨询和指导，有效解决旅游景区法律纠纷、旅游景区危机公关等相关问题，并做好旅游景区相关法律法规宣传工作。

5. 组建多领域智力库

吸纳全国地理学、生态学、城市规划、产业经济、旅游管理、风景园林、交通运输和营销、法律法务和公关媒体等多方面专家，组建智力库，

实现四类专家顾问，分别为行业主管部门业务顾问、协会发展各项重大战略顾问、协会各项专业研究工作顾问和旅游景区发展专项顾问。

6. 筹建融媒体渠道

树立行业带头人观念，以观念引领旅游景区类融媒体资源整合，以新观念、新认识、新思路推进各种融媒体资源、生产要素的有效集成，实现信息内容、技术应用、平台终端、人才队伍的共享融通，形成一体化的组织结构、传播体系和管理体制，打造真正能参与国际市场竞争的舆论宣传工作的“旗舰”。

（三）全面服务会员，促行业健康发展

1. 加强业务培训

为使会员单位精准解读国家政策、法律法规和行业文件，提升旅游景区管理、运营、服务、营销、规划和建设水平，可重点开展旅游景区相关政策与法规培训、旅游景区营销方法与技巧培训、旅游景区服务与礼仪培训、旅游景区管理与运营培训、旅游景区规划与建设培训等。

2. 组织交流活动

为促进会员间互学互促，实现互利互赢，组织旅游景区经验交流会、组织高级定制专业考察、举办旅游景区专题研讨会、组织旅游景区职业技能竞赛、召开旅游景区主题会议等交流活动。

3. 进行联合推介

为加强营销效果，提升行业地位，不定期组织会员单位联合进行市场营销和定向推介，发挥强强联合的集中优势，培育国际知名旅游品牌，推介形式可包含自主组织、参加各种峰会、渠道推广等。

4. 推行品牌认证

为树立行业威信，加强行业自律，开展诚信文明、旅游商品、好资源等内容的认证。

5. 召开品牌会议

为了加强旅游景区经验交流，促进行业健康发展，提升协会知名度和

影响力，举办世界旅游景区大会、“一带一路”沿线国家旅游景区大会、中国旅游景区博览会、国际创意旅游商品大会、中国旅游景区服务技能大赛五大具有国际影响力的活动。

6. 高级会员专属服务

为了增加协会凝聚力，维护优质会员利益，开展优质会员专属服务，针对性提供专家指导、商业模式优化咨询、旅游景区发展经验总结、旅游景区数据和营销渠道共享、项目库对接等服务。

三年行动计划

（一）快速完成组织结构，搭建三大分支机构

完成组织架构的建设、组织章程的制定、秘书处人员的配置，以及旅游景区专业委员会、旅游景区专业分会和专项服务分会三大分支机构的组建。

重点工作：旅游景区专业委员会、专业分会、专项服务分会的组建。

（二）着力开展行业规范研究，承接部分行政职能

加大步伐推进旅游景区相关规范标准研究，承接文化和旅游部关于A级旅游景区评定部分专家评议工作。

时间	工作内容
2018年	旅游景区分类指南、质量等级评定标准、旅游景区智慧管理与公共服务基本要求、旅游景区诚信文明等级评估准则
2019年	旅游景区厕所规划布局规范、旅游景区垃圾分类标准、全域旅游服务设施建设规范
2020年	旅游景区游步道设计与建设标准、旅游景区游览标识设置规范、开放式旅游景区服务设施规划规范

（三）逐步完善人才引进机制，搭建旅游景区服务平台

搭建旅游景区综合公共信息服务平台，制定人才培养与引进机制，并快速开展全国旅游景区培训基地建设工作。

时间	工作内容
2018 年	旅游景区行业公共信息服务平台
2019 年	人才培养与引进平台
2020 年	全国建设 5 大旅游景区培训基地

（四）全面开展业务培训，推行两大品牌认证

开展诚信文明、旅游商品、好资源等内容的认证体系建设及“十九大”、旅游扶贫、营销、等级评定等相关主题内容的培训。

时间	工作内容
2018 年	诚信文明认证体系、“十九大”会议相关培训、旅游扶贫培训
2019 年	旅游商品认证体系
2020 年	营销技能培训、旅游景区等级评定培训

（五）大力开展经验交流，举办四大品牌会议

规划举办系列旅游景区相关活动，主要包含经验交流会、专题研讨会、职业技能竞赛、相关主题会议、相关国际会议等活动。

时间	工作内容
2018 年	3~5 次经验交流会和专题研讨会、中国旅游景区服务技能大赛
2019 年	3~5 次经验交流会和专题研讨会、国际创意旅游商品大会、国际旅游景区设施及设备博览会
2020 年	3~5 次经验交流会和专题研讨会、中国旅游景区博览会

附录二

中国旅游景区绿皮书
入围旅游景区名单及特色盘点

序号	景区名称	质量等级	所在省市	景区类型	特色盘点
1	乌镇景区	AAAAA	浙江·桐乡	人文古镇	“鱼米之乡，丝绸之府”，江南水乡古镇典型
2	云澜湾甜蜜小镇	—	浙江·嘉兴	特色小镇	首批特色小镇中的优秀小镇，以温泉为核心的新型“游居业合一”综合体
3	大鹿岛	AAAA	浙江·台州	海岛景观	海上森林、奇礁异石、岩雕石刻为核心的海岛自然风光和岩雕艺术观赏
4	织金洞世界地质公园	AAAA	贵州·毕节	喀斯特景观	世界地质公园、国家自然遗产、喀斯特地貌景观，溶洞文化品牌
5	普陀山风景名胜区	AAAAA	浙江·舟山	海岛景观	四大佛教名山之一，以海岛自然风光和宗教历史文化兼胜闻名于世
6	上海乐高探索中心	—	上海	室内玩乐	由乐高积木打造的室内游乐场，全球家庭娱乐中心，寓教于乐的教育品牌
7	鲁朗国际旅游小镇	—	西藏·林芝	特色小镇	藏族文化、生态文化、红色文化、援藏文化完美融合，藏东南旅游集散地
8	嘉兴南湖旅游区	AAAAA	浙江·嘉兴	红色旅游	红船精神，党的诞生地。“不忘初心 重走一大路”现场体验式教学项目
9	易水湖度假区	AAAA	河北·保定	山水景观	以易水文化为主题，以山水田园观光为基本支撑，康体运动休闲为品牌特色

续表

序号	景区名称	质量等级	所在省市	景区类型	特色盘点
10	大连圣亚海洋世界	AAAA	辽宁·大连	主题公园	以海洋极地文化为主题，形成“3+2+1”海洋文化产品形态，发起“大白鲸计划”
11	朝阳鸟化石国家地质公园	AAAA	辽宁·朝阳	主题公园	“世界恐龙主题游乐园体验目的地”，生物科普研学旅行基地
12	曲阜三孔景区	AAAAA	山东·济宁	人文景观	世界文化遗产，儒家文化品牌，国际研学基地
13	台儿庄古城	AAAAA	山东·枣庄	人文景观	“鲁风运河”文化旅游品牌，世界文化遗产岸边独具鲜活魅力的文旅综合体
14	西溪旅游文化景区	AAAA	江苏·盐城	山水景观	西溪古镇，融孝贤文化、海盐文化、佛教文化为一体的历史人文景观
15	萤火虫水洞	AAAA	山东·临沂	溶洞景观	研学旅行、科普教育、科考探险等一体的溶洞科普研学旅行旅游品牌
16	大余丫山风景区	AAAA	江西·赣州	山水景观	自主打造乡村主题乐园和森林主题乐园，繁荣区域乡村经济
17	巴拉格宗景区	AAAA	云南·迪庆	山水景观	公认能支撑“香格里拉”世界旅游品牌的景区
18	上海杜莎夫人蜡像馆	—	上海	室内展馆	国内（际）著名明星认可的全手工蜡像制作工艺
19	上海长风海洋世界	—	上海	室内展馆	“SEALIFE”海洋品牌，“海洋亲子乐园”和“海洋探索中心”
20	北京欢乐谷	AAAA	北京	主题公园	华侨城·欢乐谷品牌20周年，专业型主题乐园向增长型主题乐园转变
21	上海欢乐谷	AAAA	上海	主题公园	“大节造势，小节造市”，打造6大主题节庆
22	盘山风景区	AAAAA	天津·盘山	山水景观	《天下盘山》实景演出，佛教文化与皇家文化相融的旅游胜地

续表

序号	景区名称	质量等级	所在省市	景区类型	特色盘点
23	天津欢乐谷	—	天津	主题公园	活动型景区运营思路，“欢乐谷＋二次元/科技/文化”跨界新玩法
24	中国春秋淹城旅游区	AAAAA	江苏·常州	主题公园	中国春秋文化旅游品牌，“小淹城（诠释）大春秋”
25	沂蒙山银座天蒙旅游区	—	山东·临沂	山水景观	创新型的景区吸引物和创新型的营销模式
26	可可托海景区	AAAAA	新疆·阿勒泰	山水景观	“世界地质公园”，集自然风光、地质、民俗文化旅游于一身的景区品牌
27	青铜峡黄河大峡谷	AAAA	宁夏·吴忠	山水景观	黄河金岸文化旅游胜地，“世界灌溉工程遗产”
28	沙湖	AAAAA	宁夏·银川	山水景观	“旅游＋新业态”跨界融合的“塞上明珠”
29	野三坡景区	AAAAA	河北·保定	山水景观	全域旅游理念的国内领先智慧旅游平台新样板
30	成都动物园	—	四川·成都	动物园	景区智慧场景微信购票，智慧票房革命
31	兴文石海景区	AAAA	四川·宜宾	山水景观	景区智慧场景微信购票，智慧票房革命
32	黄鹤楼	AAAAA	湖北·武汉	人文景观	“黄鹤楼文化进高校”创新活动，历史文化的传承与传播
33	伪满皇宫博物院	AAAAA	吉林·长春	人文景观	基于微信平台和原生 APP 的智慧景区个性化导览辅助系统
34	东部华侨城	AAAAA	广东·深圳	主题公园	“走动式管理与主动式服务”管理模式
35	蒙顶山	AAAA	四川·雅安	山水景观	创新合作模式，智慧景区，大数据帧测景区实时各项数据
36	红水河国际旅游度假区	—	广西·河池	山水景观	用户细分“候鸟”、家庭亲子自驾市场，打造深度体验与养生度假产品

续表

序号	景区名称	质量等级	所在省市	景区类型	特色盘点
37	筒车湾休闲景区	AAAA	陕西·安康	山水景观	亲水旅游项目，玩转秦岭山水旅游休闲度假目的地
38	北京龙湾国际露营公园	—	北京·延庆	房车营地	贴近生活，家庭休闲度假生活方式的养成
39	官鹅沟景区	AAAA	甘肃·陇南	山水景观	最具观赏价值的“地质公园”，藏族文化、羌族文化、风俗的体验地
40	韭菜坪	—	贵州·毕节	山水景观	“大小韭菜坪”自然奇观，“阿西里西”文化活化石
41	常州嬉戏谷	AAAA	江苏·常州	主题公园	“动漫艺术、游戏文化”，超前数字娱乐和高科技完美融合
42	鸡公山	AAAA	河南·信阳	山水景观	“青分豫楚、襟扼三江”，四大避暑胜地，万国建筑博物馆
43	大连金石滩景区	AAAAA	辽宁·大连	主题公园	海岸、沙滩、“天然地质博物馆”，度假胜地金石之旅
44	西安楼中国观道文化展示区	—	陕西·西安	人文景观	“财神”赵明公、老子《道德经》，中国传统文化IP的传承营销
45	景德镇古窑民俗博览区	AAAAA	江西·景德镇	人文景观	向世界展示中国瓷都历史文化的博大精深
46	黛眉山景区	AAAA	河南·洛阳	山水景观	“世界地质公园”，有“地质画廊、云顶花园、高山草甸”等118个景点
47	洪泽湖湿地	AAAA	江苏·宿迁	水体景区	大湖之边有美景，洪泽湖畔“生态家园”魅力湿地
48	金鸡湖景区	AAAAA	江苏·苏州	湖泊公园	“园区即景区、商务即旅游”，苏州旅游“古韵今风”的双面绣
49	井冈山	AAAAA	江西·吉安	红色旅游	“中国革命的摇篮”和“中华人民共和国的奠基石”
50	丫山风景区	AAAA	安徽·芜湖	山水景观	灵山秀水千年人文奠基，厕所革命精准扶贫共进

注：收录案例为中国旅游景区协会会员单位上传整理，景区排名不分先后。